翻轉學

翻轉學

선물주는산타의 주식투자 시크릿:
8천만 원 종잣돈으로 124배의
수익을 올린 투자 고수가 되기까지

# 散戶救星
# 存飆股，
# 8年賺2億

◇打造致富信念，避開投資陷阱，讓你十倍獲利，加速FIRE◇

선물주는산
**送禮的聖誕老人**——著
**林建豪**——譯

# 目 錄

# 目　錄

# 好評推薦

「寫作風格令人喜愛，所談投資心法簡單又實用，值得投資大眾參考！」

—— 安納金，暢銷財經作家

「當時空背景不同，靠股票致富的方法能複製嗎？作者曾經也是一個平凡的上班族，甚至還負債，他如何從經濟困頓的谷底翻身，8年為自己賺到2億元達成經濟自由，在書中作者詳細分享他的心路歷程、致富心態與投資方法，他山之石可以借鏡值得大家細細閱讀。」

—— 潔媽，部落客

「每次瀏覽送禮的聖誕老人部落格後，真的都會起雞皮疙瘩，看到一切劇情都依照預測上演，讓人不禁感嘆。」

—— dlt***

「我認為，這是散戶容易上手又不會慘賠的投資哲學！非常感謝分享。」

—— mkw***

「我是股市新手，獲益良多，後來發現原來投資一間企業真的需要付出許多努力！感覺花不到幾分鐘就搶走了別人好不容易獲得的資訊，我一直心存感激與愧疚。」

—— iam\*\*\*

「我想向送禮的聖誕老人學習投資習慣。」

—— edm\*\*\*

# 前言
# 在震盪的股市中致富

　　2020 年 1 月，從亞洲地區擴散的新冠肺炎（COVID-19）造成股市史上最慘烈的暴跌，根據企業資訊分析機構韓國 CXO 研究所的調查數據顯示，韓國國內 20 個產業中，前五大上市公司的市值，在新冠肺炎疫情發生後縮減了 30％。

　　特別是在世界衛生組織（WHO）宣布「全球大流行」後，情況變得更加惡化。韓國綜合股價指數（KOSPI）連日創新低，2020 年 3 月 19 日跌至 10 年前的指數 1,400 點，匯率同樣近 10 年的最低點。韓國綜合股價指數與科斯達克（KOSDAQ）還史無前例同時連日出現了熔斷機制（circuit breakers）＊。

　　當然在這種情況下也有上漲的股票，大部分都是「防疫概念股」，例如：製作口罩、診斷工具、疫苗與治療劑的醫藥相關產業。不過，有部分企業實際上沒有盈利，只因為是相關產業，股價就大幅上漲。雖然運氣好的投資人在短期內獲得高報酬，但虧錢的投資人相對比較多，像這種被行情左右的投資無

---

＊ 可以想像成「保險絲」，當市場突然波動過大，保險絲就會被融化燒斷掉，這時市場會暫時無法交易買賣或休市，等經過一段時間過後再恢復交易。

法讓我們致富。

那麼該如何投資呢？就算股市很糟，最重要的是，要不慌不亂且掌握重心！這裡的重心指的是，明確知道哪類的投資能讓我們變有錢，也就是說，投資人想致富，就必須找到日後會成長的類股，從中找出能成為有錢人的企業。

以 2019 年為例，5G 類股的企業有相當多的機會，隨著全世界 5G 開通後，電信業者的設備投資大幅提升，受惠的企業也開始獲利，當然這股價也跟著大漲。

從 2018 年下半期，我開始經營部落格，分享尋找未來潛力產業的過程，以及投資哪些企業等資訊。我不只是單純分享股票名單而已，還分享持續關注的股票與辛苦蒐集到的資訊，進而分析股票的成長性，就像投資日誌。

我在部落格中，第一次預測的成長產業就是 5G 類股，本書會詳述我是如何找出潛力產業，以及能從中獲利的公司。

繼 5G 產業後，會是哪種產業等著我們呢？由於新冠肺炎疫情讓消費與投資出現了龐大的空缺，以短期來看，將會反映在受到經濟刺激的受惠類股；長期來看，會有相當多領域，但我認為，能掀起全球成長的是自動駕駛類股。自動駕駛產業若是成長，相關企業的利潤會增加，股價也會上漲。本書不僅分享了我的投資訣竅，還包括 2 ～ 3 年後會明顯成長的產業分析內容。

　　不過，就算是成長股，也可能因為疫情而暴跌，不是企業本身的問題，而是整體市場的問題，因此千萬不能受到動搖。而且越是遇到這種情況，邊觀察企業採取的措施、邊評估該公司是否值得繼續投資，也是不錯的方法。倘若在這種情況下，相關企業的營收也不錯，就足以證明市場狀況佳時，是有能力賺大錢的公司，那投資人也能一起賺到錢。

　　之前，我主要透過網路和投資人溝通，後來向我詢問投資訣竅與股票的人變多了，因此我認為自己需要一個能彙整想法傳達給大家的平台。

　　當我開始經營部落格時，短時間內有許多散戶拜訪我的部落格，和我投資相同公司的人看見我的資料後，他們也因此對自己的投資更有信心而表示很開心；股市新手看見我預測的市場後，啟發了他們解讀市場的眼光；對追高殺低的投資人表示，他們透過我的投資訣竅學會了投資的方法；儘管投資的企業不同，但以價值投資為主的投資人都說每當股市動盪不安時，都會銘記我的投資哲學，讓自己的內心趨向平靜且耐心等待。不知不覺，我的部落格成為散戶的避風港。

　　我的部落格發文獲得許多投資人的熱烈回響，我把這些文章重新編寫，彙整成一本書，截至目前為止，我親身經歷的股市投資核心與人生的態度全都濃縮於本書中，例如在生活中培養解讀股市趨勢的方法、找出能投資的公司、不會受到消息和

市場情緒的影響、遵守投資原則的方法……

在震盪的股市中，懂得解讀市場的走勢是不可或缺的能力，還必須具備自律與遵守正確投資原則的耐心，相信你在讀完本書後，會更知道何謂正確的投資原則。本書會有非常多精華內容，因為這是我走過的路，也是我的成功法，能賦予投資人正向的靈感。希望本書能協助所有讀者實現夢想。

# 第 1 章

## 離職 8 年後，
## 我靠股票財務自由：
## 富人思維模式

實現夢想需要三項條件：

1. 每天思索夢想 100 次的毅力

2. 一定要實現的迫切感

3. 非完成不可的意志力

所幸這三項條件都不需要金錢、才能與背景。

## 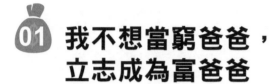 01 我不想當窮爸爸，立志成為富爸爸

### 就算窮到沒錢買書，也不要荒廢閱讀

二十年前的某一天，我逛書局時，偶然發現了一本書名相當明顯的書《富爸爸，窮爸爸》（*Rich Dad, Poor Dad*），這本書在當時掀起了「富爸爸」熱潮，至今依舊是暢銷書。

對新資訊充滿強烈好奇的我，買了那本書仔細閱讀。在讀完整本書後，有種當頭棒喝的感覺，因為作者對金錢與富人的價值觀跟我迥然不同。於是，我重新省思了金錢與富人的概念，而這也創造了我自己的人生轉捩點。

《東亞日報》「韓國版富爸爸」Say No 的專欄，更讓我的想法與執行力提升了一個等級。有次在餐廳吃飯時，我讀到專欄標題「打造 Say No 的富爸爸」的文章，讓我很有共鳴，於是搜尋 Say No 的其他文章。我跳過吸引讀者的聳動新聞，開始尋找能幫我改變人生的新聞或專欄。

年輕時，有一段時間窮到連一本書都買不起，每天花一、

兩個小時站在書店裡看書，感謝可以免費看書的書店，對我來說如同天堂。當時的我可說是極度貧困，為了賺 1 萬韓元[*]（約新台幣 250 元），還搜刮家裡的書搭乘 2 個小時的地鐵去中古書店販售，處境可說是相當悲慘。在那種情況下，我依舊沒中斷閱讀新書，每當挫折感讓我的內心動搖時，我都會自我約束且叮嚀自己「一定要結束貧窮」。

「我要成為富爸爸，把財富傳承給子女，
並且指導他們能多加幫助他人。」

在堅定的決心下，我開始付出努力，想扭轉人生成為富人，無論是兼差或打工我都接，我勤奮工作，培養富人夢想。

## 改變對金錢的態度與價值觀

閒暇之餘閱讀的書籍對我有莫大的幫助，其中最重要的有兩點！

第一，我改變對富人、金錢與人生的想法與態度！我在書

---

[*] 1 韓元約新台幣 0.025 元。

中找到想要效仿的榜樣，他們對我的人生有著正向的影響。讓我受益良多的文章非常多，最具代表性的就是前文提到的《富爸爸，窮爸爸》、Say No 的專欄和「保寧製藥集團」會長金昇浩的著作《販售飯卷的 CEO》。閱讀作者提出的各種方法和人生啟示後，我便努力追求和他們一樣的人生。

我認為，富人不單純只是錢多，也會樂於助人，或是樂於分享美好的經驗。這就是我夢想中的富人，同時也是我人生最終的目標。

很有趣的是，我夢想成為富人的那段時期，不敢光明正大輕易說出「我喜歡錢」或是「我要賺很多錢成為有錢人！」之類的話。大家都希望賺大錢，成為有錢人，我們明明就生存在資本主義的社會，但若是隨便說出心中的想法，深怕會被他人投射「嗜錢如命的傢伙」、「庸俗」的目光，或是被認為膚淺，因此會做出「自相矛盾」的行動。

然而，現代人對於富人或金錢的想法也改變了許多，雖然還是有人會仇富，但已經有人會把「祝你成為有錢人」當作祝福，可以確定我們對於「富裕」的價值觀正在改變。

過去的我對「富裕」也沒有抱持開放的態度，前文提到的書籍和專欄中談到的富人完全顛覆我的想法，他們主張「夢想賺錢與喜歡錢，就要熱切追求！」同時讓我明白，若無其事面對貧窮生活的態度，反而無法成為富人。一直到那時候，我才

驚覺自己視為理所當然的事情與事實不符，感覺就像被揍了一拳。我對富人、金錢與人生的態度和思考方式因此完全改變。

我的想法與價值觀漸漸脫貧，往實現夢想的方向邁進。過去的半輩子，我努力成為心目中的榜樣，學習提升工作效率與提高身價的方法，實踐許多的理財與投資法，藉此累積自己的功力。

## 信念比才能更有力量

從書中獲得的第二個助益，就是對我的人生與未來具備更堅定的信念。

目前我的目標大部分都實現了，在過程中，我找到了實現目標與聰明的投資方法。現在設定了新的目標，並努力實現中。我相信，往後我的家人與朋友的人生會更富足與美好，或許有人會問說這種事要如何確定呢？因為至今我實現的目標都能一一證明。

以投資股票致富的可樂愛好者華倫・愛德華・巴菲特（Warren Edward Buffett），是大家都耳熟能詳的富豪。難道過去數十年或數百年，沒有比巴菲特更優秀或努力的人嗎？從無數書中提到的人物來看，在巴菲特之前，也有許多人物獲譽

為股票投資天才，當然他們也一輩子在學習投資股票，並埋首於股市。

我比較好奇的是，到底有多少人和巴菲特一樣，秉持著屹立不搖的信念在投資股票。

我認為，大概不多吧！目前巴菲特的資產大約 825 億美元，他早在成為富豪前的 25 歲時，就深信自己日後一定會成為有錢人，甚至提早規劃成為富人後會發生的事，由此可知他對自己的人生具備堅定的信念。

儘管我還遠遠不如巴菲特，但我同樣在過去貧窮時期，就對未來具備堅定信念，而且也有明確的夢想！乍看下我的處境非常悽慘，但我從來不曾認為自己的未來會很艱困與陰暗。我把這份信念當作動力，就算生活困苦與疲憊，我每週都會到大型書店閱讀好書，把成功人士、我想效仿對象的建議牢記在心，並加強自己的夢想與意志。

人類的意志與意識，比我們想像中的還更加不堪一擊，必須持續澆水與供給養分才能變堅強與成熟，這不是他人能代替我們做的事，必須由自己去尋找、學習與磨練。

婚後，在妻子不知情的狀況下，我欠了 1 億韓元（約新台幣 250 萬元）的債務，當時我們連支付利息都很吃力，但我很確定自己在不久的未來就能還清。當債務還清後，妻子相當不滿問我為何不坦白說出自己負債的事實。我則回答確定自己能

成為有錢人，因此不擔心債務的問題，妻子聽到我的回答後，只好苦笑與嘆氣。

當經濟遇到困難或發生問題時，比起整天擔心「該怎麼辦」，我更偏向思考「該怎麼做才能突破困境」、「該怎麼做才能增加收入」。我一心只想著自己何時才能成為富人，因為我確信自己終將成為有錢人。平時閱讀好書的習慣，也幫我加強信念與磨練意志。

## 成為富人最快的捷徑

至今，我推薦許多令我非常有共鳴的書籍與專欄給親朋好友，不過有獲得改變的人只有少數而已，為何大多數的人都沒能改變自己的人生呢？

雖然結果都一樣，但他們分為兩種類型。第一種是打從一開始就把我說的話當作耳邊風，完全沒有想閱讀我推薦的書或專欄；另一種則是讀了卻沒有付諸行動。

「所以該怎麼做呢？因為你已經是有錢人，當然可以說得這麼簡單呀！」

像這樣整天只會發牢騷的人，思維往往都很貧乏，只會讓成為有錢人的夢想像天方夜譚一樣荒謬，因此才無法改變人

生。若想過著自己追求的生活，不僅需要冷靜與正向的思考方式，還必須堅信正向思考的力量。

希望你能閱讀本書提到的書籍，千萬不要只是走馬看花，請用心吸收資訊，並付出行動實踐。只要能實踐學會的一切，相信 5 年或 10 年後生活就會明顯變好。

請不要只因為嘗試幾個月、一年、兩年沒獲得改善就發牢騷埋怨，在短時間內能有戲劇性改變人生的方法，大概像是中樂透頭獎，只有 814 萬分之 1 的機率，這和閉著眼睛在 80 公斤重 800 萬粒米中挑出一顆黑米粒的機率相同。如果加上房價的因素，現在這個時代，光憑新台幣數百萬元都難以改變人生。

那就按部就班，先決定好你要仿效的對象，把他們的「人生 DNA」變成自己的！最迅速與最省錢的方法就是閱讀。本書同樣能讓讀者的人生更富足，內容完整收錄了我知道的一切資訊，本人對這一點深信不疑！

**02 想真正實現目標的祕密**

## 說 100 次目標的力量

　　眾所皆知，不是所有的夢想都能實現，雖然這樣說很無情，但未能實現夢想的人通常都比實現夢想的人更多。為何這麼多人無法實現夢想呢？

　　雖然我曾經有一段時期連碗湯飯都吃不起，但不管多窮，我都一定會堅持自己的夢想。有些人之所以無法完成夢想，原因在於他們根本沒夢想。沒有夢想當然無法實現夢想，如果想實現夢想，就該明確知道自己想達成的目標。

　　自我成長暢銷書《祕密》（*The Secret*）提到，正向思維與熱切的信念結合後，會發揮強大的力量，只要具體描繪出想要的目標，就會觸發已經屬於我的想法與感覺，發揮實現目標的強大力量。簡而言之，內心的熱忱會強化行動力。

　　《祕密》的作者朗達‧拜恩（Rhonda Byrne）建議把想要的事物記錄下來，放在顯眼的地方，並且每天想著目標。她每天早上看著升起的太陽，思考想達成的目標與堅定自己的意

志，由於很難以科學的方式證明它的效果，至今還是一個謎，但我個人相信祕密的力量。令人驚訝的是，相信祕密的力量並執行的話，就會發生奇蹟。

我每天都會默念自己的目標 100 次和思考，就算以前收入不高、負債、只能繳利息的那段時期，我也是每天想著「真希望我有 1 億元且零債務！」後來當我擁有 1 億元後，我就會如同口頭禪一般說：「我的資產有 10 億元！」當我存到 10 億元後，就會每天想著自己擁有 50 億元、100 億元，直到我達成目標為止。

有一天，女兒問我說：「為什麼爸爸每天都說相同的數字呢？」

**每天喊 100 次自己的夢想，內心顏色也會跟著變**

那個數字就是我想達成的資產目標。

「嗯，那是爸爸想實現的目標，是爸爸的夢想。」

為了準確設定喊出目標與夢想的數字，我安裝了 EGCOUNT 的 APP，每說出一次夢想就觸碰手機的螢幕。達成目標數字後，APP 的桌面顏色就會改變，就像實現夢想一樣，心情會變好。每天大聲說出自己的目標能發揮超乎想像的力量，只要時時刻刻想著夢想，自己的行動與計畫也會轉向正確的方向，生活的模式與態度自然也會跟著改變。這是實現夢想的過程中最重要的階段。

## 實現夢想的三項條件

雖然在實現夢想過程中，若是天生具備優秀的頭腦或背景好，在一開始會比較有利，但效果卻有限，接下來最重要的就是熱情與熱忱，更具體來說，需要三項不可或缺的條件！分別是每天大聲說出夢想 100 次的毅力、非實現夢想不可的迫切感、非成功不可的意志力。

所幸發揮毅力、迫切感與意志力並不需要金錢，就算沒有聰穎的頭腦與強而有力的背景也無妨，因為關鍵取決於一個人的人生觀與態度。

如果每天沒有想 100 次，那還稱得上迫切想實現的夢想

嗎？如果極力想實現夢想，每天想數十次以上是很正常的。若是浮現腦海中的次數沒那麼多，就無法視為是真正想實現的夢想，當夢想失去熱忱時就會難以發揮堅定的意志。姑且先不論每天 100 次，每天想不到 10 次，夢想沒實現也是理所當然的。

就我的觀點來說，如果想實現目標的熱忱一天不到 10 次，夢想會實現反而很奇怪。有趣的是，因為無法實現目標而責怪世界的人，往往都缺乏熱切感與意志。

你想成為富人嗎？那就跟隨富人的步伐，走在成為有錢人的路上！如果尊敬生活富裕與地位高的人，並且追求他們的方法，那自己就能站上那個位置。隨著思考方式、價值觀、心態等逐漸和他們相同，就能過和他們差不多的生活，換句話說，變成跟他們一樣的機率就會提升。

只要每天反覆說數十次想實現的夢想，人生就會轉往實現目標的方向，同時形成有錢人的想法，最後自己也能實現夢想。當然我們對於此一過程要有正確的認知。

我平常都會說出自己的目標，預想實現夢想的景象，以及燃燒自己的意志，不只有我這樣做，許多成功人士也都有同樣的做法。

請時時刻刻保持正向的思維與懷抱著希望，為什麼要這麼做呢？因為負面的思維與悲觀會阻礙我們的行動。這類型的人就算展開行動，也會整天活在抱怨牢騷中，凡事都拖拖拉拉無

法積極行動，當然也就難以期待能獲得好的結果。相反地，依照具備正向思維與良好心態的人，通常都比較積極與活躍，獲得成果的機率比較高。

電腦用語「濫入濫出」（Garbage in, garbage out）和我們的思維與意志相同，正向能以更高的機率帶來更卓越的結果。

## 不是能力不足，而是沒有行動

已故韓國暢銷作家鄭周榮，生前都會期待當天行程而在凌晨 3：00 就起床。他會對著只會想卻不執行的人大聲斥責：「你試過了嗎？」

無論遇到何種情況都能行動的人，以及任何情況都難以行動的人，這兩者會有怎樣的人生，就算不舉例，應該也能猜想得到。

如果真的想達成目標，那就每天大聲說 100 次，往夢想邁進吧！我至今天天都會說出 100 次自己的目標加強自己的意志，避免錯過。或許是因為有所行動的關係，回顧過去的歲月，我每天大聲說出 100 次的目標也一一實現了。連原本看似難以達成的目標也都成真了，真是令我感到驚訝。

試著相信我，實踐看看吧！剛開始或許會有些生疏，等熟

悉後反而不執行時會覺得不舒服。相信人生會依照自己的期望逐漸改變！就算事與願違也不會有損失，畢竟我們為了讓人生變得更好而行動，也算是有收穫。

這個世界上沒有能輕易實現的夢想，秉持熱忱努力實現，才是真正的夢想，每天大聲說出夢想 100 次以上，久而久之就會為了達成目標而付出努力，神奇的是，周遭也會慢慢出現幫助你達成目標的事，我也有過這類的經驗。

本書也不是偶然出版，其實我十多年前就設立要出書的目標，但我預設的時間點還沒有資格出書，而且也沒有足夠的財力。在那樣的情況下，我叮嚀自己十年後要符合出書資格，分享經驗幫助大家，當時我立下了相當具體的承諾。

「從現在開始的十年後，我要成功和想合作的出版社簽約出書！」

有趣的是，我為了出書和出版社接觸簽約的時間點，剛好就是我等待已久的第十年，我依照十年前的承諾實現了夢想。

雖然聽起來很理所當然，但沒任何努力，請不要盲目認為夢想會實現。現在的我，就是過去努力造就的結果，我現在說的話、目前的思維、以及行動也將決定未來的人生。

我現在迫切想實現的夢想有兩個，為了完成夢想我天天努力，而且每天都大聲說出自己的夢想。或許有人認為夢想難以實現，但我深信不疑。

　　我希望有更多人能感受那股力量，請大聲說出自己的夢想、想要的事物，以及資產的金額！大聲說自己要擺脫貧窮成為富人！相信一定會有驚人的事發生。

　　不過，千萬別停留在口頭說說，一定要付出行動！與其空想堆疊數百層的塔，還不如身體力行搬運一塊石頭會更好。我們不能局限於眼睛看不見的思維，而是該把雙手能掌握的結果當作精神糧食維生，沒有行動就如同沒有結果。

 **03 只靠知識無法讓人財務自由**

## 從身無分文到成為億萬富翁

　　或許現在是物質豐足的時代，「億」（約新台幣百萬元）早已是我們熟悉的單位了，再加上不動產、股票相關的YouTube、廣播與書等無數媒體相爭報導，很輕易把100億韓元（約新台幣2.5億元）掛在嘴邊。

　　「白手賺取100億元！」

　　有人輕輕鬆鬆說出10億韓元（約新台幣2,500萬元）、100億韓元之類的數字，說不定「億」位數已經是象徵「很多」的慣用語，不過隨著人人都在使用，原本驚人的天文數字就顯得沒什麼。

　　但仔細思考，賺取100億元代表何種意義呢？真希望自己也能這樣說：

　　「這些錢是父母給的。」

　　很遺憾的是，我身無分文，很能體會賺一天過一天的狀況，年輕時也過著困苦的日子。儘管當時和父母同住，二十歲

後除了吃住，大學學費、結婚和買房都由自己負擔。因為經濟拮据的關係，別說是存錢了，我一直都處於錢不夠用的狀態，更別說要投資了。

但如果不投資，就會一直停留在原地，因此我從 20 歲開始，每月打工的收入 50 萬～ 60 萬韓元（約新台幣 1.25 萬～ 1.5 萬元），扣掉最低生活費，其餘的錢全都投入股票。就算獲利超乎預期，我也不會把錢花在旅行或購物，而是再投資。

當朋友享受生活時，我則把每天的時間分配在工作、投資，以及尋找可投資的公司，就這樣不眠不休積極投資的我，在不知不覺中還清了超過 1 億韓元（約新台幣 250 萬元）的債務，後來也創造了 100 億韓元的資產。

每個人都是從第一桶金開始第一步，當 8,000 萬韓元（約新台幣 200 萬元）的本金變成 1 億韓元時，那個感覺我至今還忘不了。

「啊，我也有 1 億元的現金了！」

不管看幾次都覺得像在做夢，當時我光是看著帳戶餘額，數著 1 後面有幾個 0 時，就覺得非常幸福，至今我記憶猶新。買不到幸福嗎？其實根本就不需要買，因為只要手頭充足，自然就會感到幸福了。

資產增加至 10 億韓元時，我突然有這樣的想法：「我真的變有錢人了！」

當時，我真的開心到，不管開車或走路，腦中都浮現 10
億韓元，因為我親手從 0 開始存到的錢，當然會很開心！我在
心中大聲歡呼「我終於有 10 億元了！」「天啊，我存到 10 億
元了！」

但我有好一段時間獨自享受這份喜悅，沒告訴家人或其
他人，我祝賀自己達成目標的同時，也夢想未來能累積更多財
富，之所以沒告訴任何人，其實是基於個人的體貼與顧慮。

有人聽說身邊有人賺大錢時，雖然表面不動聲色，但其實
內心會非常羨慕、憤怒，也會感到忌妒。假設不是因為業績好
或事業成功，而是投資賺大錢的話，多數人往往都會羨慕，這
樣讓我的心情更加難受。有人偶爾會埋怨：「為什麼我辦不到
呢？」對人生抱持悲觀的態度。

當我告訴妻子戶頭餘額時，我的現金資產已達到 70 億～
80 億韓元（約新台幣 1.75 億～ 2 億元）了。


## 光憑投資知識或經驗無法成為富人

當我投資失敗負債上億時，也有過極端的想法，我是如此
平凡，身為努力從最基層爬上來的人，我想證明其實大家都能
和我一樣，為了給更多人勇氣與希望，我才會寫這本書。

難道沒人比我更懂投資知識和擁有豐富的經驗嗎？

當然有非常多，那麼他們全都成為富人了嗎？答案是否定的！

一般人認為，我只是挑對幾支股票才成為富人的，但幾乎沒有人知道我過去數十年是秉持何種價值觀，以及過著什麼樣的生活。投資股票，實力只占了一小部分，不是致富的最重要因素。

股市實力比我優秀的人非常多，雖然沒進行統計，不過價值觀與人生態度和我相似或超越我的人大概少之又少，結果就足以證明一切。

就算到處都有光鮮亮麗的成功故事，但真正深入了解後發現，有很多故事實際上沒有想像中那麼美好。

光憑知識是無法成為富人的，倘若單憑知識就能變有錢，那麼世界各地成績優秀的人應該都是有錢人才對！若是想成為富人，除了具備知識，重點還必須具備正確的人生態度與價值觀。

儘管為了累積投資知識，閱讀大量書籍與加強知識深度，若無法擁有正確的人生態度，就難以實現目標。本書所說的「正確」是依照主觀的判斷標準，也就是說，我認為的正確可能和其他人的觀點不同。

所謂的「正確」是，能和其他人分享幸福與喜悅，這是通

往富人之路所具備的條件。我認為能分享的人才稱得上是真正的富人，無論累積多少財富，不懂得分享的人就只不過是暴發戶罷了。

## 正確的人生態度會帶來財富

人際或工作上會遇到的金錢問題，特別需要妥善處理，因為對錢總是馬虎與不明確的人，通常不會受到歡迎。

在我連貸款利息都繳不出的時期，從未跟周遭的人借過錢，白天工作賺的錢若是無法支付生活費與利息，我會晚上兼差賺外快。由於我會想辦法賺錢還債，因此我這輩子還不曾逾期還款。

或許有人會覺得我很古板，不過我認為如果逾期還債，就會損害信用，因此我都會叮嚀自己絕對不能發生那種情況，就算犧牲睡眠時間也要工作，因為我把繳款日視為和自己的性命一樣重要。

我不清楚別人是怎麼想的，不過換做是我，與其造成別人的損失，我寧願自己承擔損失。我認為，這反而是穩賺不賠的方式，就算吃虧我也寧願選擇給予。這樣的人生觀很特別嗎？我自己也不清楚，但唯有這麼做我才會覺得安心與幸福。

當我連一頓飯都吃不起時，擔心會造成他人的困擾，我選擇不和其他人見面。在工作合作的收益上，我都依照對方 6 我 4 的比例執行，我一直是稍微吃虧的那一方。

不過有趣的是，「我稍微吃虧」的態度，反而讓我經常獲得他人的幫助，如果把目光放遠一點，比起只看重眼前利益的人，保持從容禮讓他人的態度往往能帶來更多好處。

若是賺到足夠的錢，花錢時就能體驗到，自己在替他人分擔，對我來說這種時候最幸福。現在我之所以會寫書與經營部落格，就是因為幫助他人可以賦予我無比的幸福感。

話雖如此，我也不是好欺負的「冤大頭」，我自願給的錢就算是 100 萬韓元也不覺得可惜，但如果是別人跟我借錢，就算只是 1,000 元也要還我。假設有人想利用我和朋友，我一定會用殘酷的方式回應對方。

無論何時還錢或收錢都必須算得一清二楚！借來的一定要遵守約定歸還，別人大方給予的只要心懷感激收下就行了。我認為，這是其中一種「正確」的人生態度，如果夢想要成為有錢人，就必須先具備願意分享的基本態度。

 **04 FIRE 理財族投資的基本條件**

## 職業的選擇與股市投資的共通點

不久前，我和啃老族的姪子一起吃飯，他還沒找到穩定的工作，於是我小心翼翼地問：「好久不見了，最近怎麼樣？」

姪子敷衍回說，自己這幾個月都在擔任約聘職與臨時工。在最聰明、履歷也最精采的新世代年輕人中，像這樣無法找到穩定工作的人非常多。

首先，我問姪子：「你有擅長的事嗎？」

很可惜的是，姪子把自己擅長的事與喜歡的事混為一談，選擇職業時該思考的不是尋找喜歡的事，應該要找到自己擅長的事當作職業。喜歡的事頂多只能當作興趣，當然喜歡的事與擅長的事若是一致可說是錦上添花，如果不是就該從擅長的領域找工作，唯有這樣才能創造出超乎期待的成果。

另外，找工作時，不該把能賺多少錢當作標準，更重要的是，「那份工作是否能為日後加分」。

在年近 30 歲時，我每天通勤 2 小時，轉乘四次捷運後，

還要走約 30 分鐘才會到公司，每週工作 6 天，當時我的薪水是 103 萬韓元（約新台幣 2.6 萬元），交通費與伙食費都要自己付。

因此扣除交通費與伙食費後只剩下約 50 萬韓元（約新台幣 1.3 萬元），還要支付每個月的電話費、零用錢、治裝費等所有的生活費。然而，當時有離家近工作，月薪 200 萬韓元（約新台幣 5 萬元）以上，為何我會自討苦吃選擇來回需要四小時通勤、收入不高的工作呢？

我在領薪上班的時期，從未把薪水擺在選擇工作條件的第一順位，我優先考量的條件是「可以學到什麼？」「是否對往後想做的事有幫助呢？」簡單來說，我把焦點放在自我成長。

選擇工作的考量是，我能否提升自己的身價，能否增加存款絕對不是我的選擇標準。周圍的人都罵我幹麼自討苦吃，但多虧我這樣累積工作經驗，才能輕鬆選擇下一份工作，年薪也是同儕中最高的。不過，當時的年薪無法讓我成為有錢人，因此必須思考工作能否給予我金錢以外的東西。

我認為，現在的我就是過去的選擇所塑造出來的結果，由於過去我沒有逃避艱難的道路，選擇了能累積經驗從中成長的機會，現在的自己能為他人提供人生、工作與個人理財方面的建議。我可以肯定地說，我付出了非常多的努力，不僅白手起家，還清龐大的債務，最後終於實現了目標。

# 不要只看眼前的利益，把眼光放在未來

　　我把眼光放遠，制定選擇工作的標準和不怕辛苦的態度，也能套用在投資，只考慮眼前的利益或只買進低價股，對獲利完全沒有幫助。我認為，把財務知識或技術分析能力當作正解，也是錯誤的選擇。

　　在我還是投資新手時，也認為自己做了很多功課，不過現在回想起來，當時的我就和一般散戶沒兩樣，只執著於技術分析進行草率的價值投資，這樣和自以為聰明的投資人是一樣的水準。所謂自以為聰明就是累積一點知識就假裝是高手，但自己卻沒能成功。他們很喜歡批評其他人的投資方法或已經分析好的股票。

　　這些人看起來好像知道很多資訊，但稍微深入交談後發現，其實只略懂一二，他們也不願意聽別人說話，還喜歡裝模作樣。這類的人常出沒在股票部落格或討論區。

　　自以為聰明的投資人無法理解企業分析最重要的因素，因此都以書中的內容和學校教的知識進行投資。我一開始也以為要先自己制定好原則後，才能進行價值投資，不過卻在每次分析時改變原則，最後變成失去一致性的投資。

　　更令人傻眼的是，我的水準和他們一樣，卻完全沒自覺，我本以為自己和他們不一樣，我真是太無知了。後來，我設下

堅定不搖的鐵則，確切執行那項原則後，一直獲利，時間點約在 8 ～ 9 年前。

若想成為一名成功的投資人，就該明白投資市場的生態是如何形成，以及想持續提升獲利該以何種觀點投資。

簡單來說，應該保持「收購企業」的想法投資，同時綜合考慮各種因素。當時制定好一致性的投資原則，幫我創造現今享有的財富。

# 第 2 章

# 練好投資能力，
# 才能養大資產：
# 投資思維模式

股市是無法預測的領域，
過去廣為流傳的方法不一定正確，
能獲利的才是好方法。

#  不要隨便建議他人買股票

## 越親近的人，越不要建議購買股票的理由

我幾乎不和親朋好友討論股票，特別是對家人。如果我分享自己的知識，過去十年間或許有機會可以一起獲利，但我絕口不提。

在外與他人見面時，我同樣如此，無論和某人一起用餐或參加某個場合，我都不會參與股票的話題，大多時候我不會透露自己投資股市的獲利，也不會分享我的投資經驗，甚至聊到我有在投資。

目前我大部分的親友都沒在理財，主要靠工作賺錢維持生活，我不是因為不希望親友變成有錢人，才刻意不提股票的事，我都能在部落格或書上無私分享知識與經驗了，沒理由不告訴身邊的人。

不過，為什麼我會對親友會閉口不談股票呢？

我之所以不提股票的理由很簡單，我認為對方不適合投資股票，畢竟我比任何人都更清楚他們的性格，我知道光靠報明

牌無法讓他們成為有錢人，加上初嚐股票的甜頭後，他們可能會無法專注工作，會企圖把股票當作主業，反而造成一時的衝動，換來狼狽的下場。

反之，透過部落格或書接觸股票的人都非常關注股票，也能承受某種程度上的投資風險，也就是說，這類的人已鍛鍊出一定的能耐，稍微協助他們可說是在我扮演的角色。

如果我分享自己的經驗與知識，其他人應該就能避開我過去犯下的錯誤與困境，看見他人獲得幫助的模樣，對我來說是無比的幸福與喜悅。不過很遺憾的是，和親友討論股票很難享有這種幸福，因為是家人的關係，說話時也比較沒顧忌，凡事都會提出疑問、追究與干涉。通常會造成壓力，特別是我最討厭別人時時刻刻干涉我的思考，因此我更不想跟親近的人討論股票。

## 為什麼一夕致富，財富更容易歸零呢？

許多人投資股票賠錢，是因為他們只想快速賺錢。如果秉持保護資產或不失去本金的想法投資，通常可以避免虧錢，不過需要 10 ～ 20 年的時間。

假設現在本金有 2,000 萬韓元（約新台幣 50 萬元）的投資

人說：「我要把 2,000 萬韓元變成 5,000 萬韓元（約新台幣 125 萬元）！」

需要多久的時間，才能創造出 150％的獲利呢？順利的話，利用槓桿投資或許能達成目標，無論靠運氣或實力，短時間創造 5,000 萬韓元的獲利是有可能的。問題就在於，能否守住 5,000 萬韓元，不過遺憾的是，要守住 5,000 萬韓元卻沒有想像中簡單。

就算靠運氣賺到 5,000 萬韓元，但想再賺到 1 億韓元（約新台幣 250 萬元）時，別說是守住 5,000 萬韓元，資產減少為 4,000 萬韓元（約新台幣 100 萬元）、3,000 萬韓元（約新台幣 75 萬元）或回到原點的機率很高，就算運氣好賺到 1 億韓元，若沒有即時兌現，資產回歸原點的可能性也極高。這是常見的情況，而我本人也經歷過。

為什麼會發生這種事呢？

原因在於，投資人的能耐沒有隨著資產一樣增加，只有錢變多，就和中樂透頭獎的人一夕致富，後來花光錢變不幸的道理一樣。

或許不幸的例子比中獎者更引人矚目，但要管理突如其來的一筆錢實在不容易，會因為自己的投資能力不足，讓錢留不住。在投資能力不足的狀態下，通常會因為無法妥善處理金錢，導致生活變得比從前更艱困。

　　若想養大資產，必須先培養投資的能力與經驗，否則就會讓資產回歸到原本的位置，資產會依照自己的投資能力而減少。如果只有賺到 2,000 萬韓元資產的投資能力，因為運氣好賺到 1 億韓元，該如何承擔那筆錢呢？但連處理 5,000 萬韓元資產的能力都沒有，突然獲得 1 億韓元，那筆錢終將消失不見。

## 你的投資能力，決定你有多少錢

　　如果有能力可以掌控 5,000 萬韓元的資產，那就能守住 5,000 萬韓元，鍛鍊投資能力後，可以再次挑戰 1 億韓元。過程必須像這樣循序漸進，如果只是靠運氣選到好股票，讓 1 億韓元變成 5 億韓元（約新台幣 1,250 萬元），不是靠真正的實力，資產會慢慢從 5 億韓元變成 3 億韓元（約新台幣 750 萬元）、2 億韓元（約新台幣 500 萬元），甚至是 1 億韓元。

　　我剛開始從 8,000 萬韓元（約新台幣 200 萬元）累積到 2 億韓元的過程也非常艱難，好不容易累積到 2 億韓元時，資產開始往下掉，後來資產好不容易再次回升，但最後資產還是又減少了，甚至幾乎只剩本金時，讓我感到虛脫。後來，我開始提升內在的投資能力，也具備了掌握 2 億韓元的能力，無論股市變得多麼險惡，還是能守住 2 億韓元。

　　之後的關鍵是在我資產累積到 5 億韓元時，資產上上下下，雖然現在是我人生最有錢的時期，不過我覺得比只有 10 億～ 20 億韓元（約新台幣 2,500 萬～ 5,000 萬元）時更得心應手。

　　就算資產變多了，反而認為比以前更輕鬆控管，是因為過去的經驗訓練，讓我有能力可以控管更大的金額。

　　其實，我資產累積到 10 億韓元時最開心，當時我認為自己是有錢人了，而且覺得擁有了全世界，我從沒這麼興奮過。雖然我目前的資產更多，但內心不再澎湃，只有平靜且淡定的心情。

　　我的生活態度沒有因為賺了更多錢而改變，我依舊不會隨便浪費錢，也會利用折扣卡與優惠券省下 1,000 韓元（約新台幣 25 元）或 2,000 韓元（約新台幣 50 元）。我個人偏好買一送一的商品，能省則省的態度始終如一，就算未來的資產增加 10 倍以上，我的人生態度也一定不會改變。

　　我要特別強調一件事，若要挑戰難度高的賺錢技巧，得先改變自己的心態，也就是投資能力！必須培養能力與改變人生的態度，只要內在茁壯，知識與經驗的涵量也會一起變大，能管理資產的額度也會增加。

　　無論投資股市或創業，只要專注培養自身的能力且付出努力，任何人都能改變。像我這種路人都能成功了，相信每個人都能辦到。

# 02 培養投資能力，才能增加資產

## 樂於助人的良性循環

若想投資股票賺錢該怎麼做呢？只要找到好的股票就行嗎？買到便宜價的股票是最重要的嗎？或只要學會技術分析就好了呢？這些都不是正確答案，根據我的經驗來看，這些只占極小部分的因素。

你周遭是否有人因為擅長看技術線圖而變有錢呢？我想大概沒有吧，投資虧錢的人是因為不會看技術線圖，或沒讀名校，還是不懂會計或財務知識呢？雖然我周遭有許多很會讀書的會計師、稅務官、律師、檢察官……，但這些人大多都沒成為有錢人，就算讀過成百上千本書，或累積 10 年或 20 年的股市投資經驗，大多數人都還沒財務自由。

投資股票不是套公式就能成功的，但賺錢不需要技巧或技術嗎？

或許吧！是因為投資技巧或方法沒有公諸於世，大家才無法變有錢嗎？是什麼人才能成為有錢人呢？我想大概沒幾個人

能爽快回答這個問題。

答案必須從其他地方尋找，現在再次回到我的故事，這個世界上有多少比我更擅於分析的人呢？比我聰明的人有多少呢？我敢說一定很多，那換個方式問。

幫助他人且看見對方順利的模樣後，感到無比幸福的人有多少呢？

由於難以用客觀的角度來評估幸福，答案一定很主觀，但我很肯定地說，像我這樣把他人的喜悅視為自己的喜悅，打從內心深處感受到幸福的人一定不多，我不會因為期待對方有所回報而付出行動，我也不會計算利益後才行動，幫助他人這件事本身就能帶給我喜悅與幸福，對我來說，資產變多後，最大的優點是，為了他人花錢的機會增加了，也稍微可以幫助更多人。

前文提到，培養投資能力就可以守住資產，而且投資能力要累積經驗與內在才會茁壯，那麼具體來說，該如何培育投資能力呢？根據我的經驗，關鍵在於「利他主義」。秉持善心，期望他人能順利，並且把他人的幸福視為自己幸福。

如果是我在學習投資股票或渴望成為有錢人的時期，聽見這種話，大概會覺得很莫名其妙。不過，我以自己長期投資股票的經驗來說，重要的就是「利他主義」。

你是否相信「貧者善良，富者邪惡」這句話呢？我認為，

剛好相反。我周遭生活富裕的人在心靈上都比較從容且樂施於人，但那些人都是賺了很多錢後才改變的嗎？事實上，他們從一開始就有這樣的心態，當然也會有例外，但不需要把這類的例外算在內。

不要為了從某人身上獲得利益而刻意示好，應該要把他人的幸福視為自己的幸福，人生的美好會形成良性循環。只要秉持善心分享與行動，事情就會變得更順利、生活也會變得更好。我怎麼能保證呢？因為我就是這樣過來的，請實際試看看吧，你只要付出行動，就更能相信我所說的話，沒有嘗試就否定或不相信是不可取的態度。

## 越懂得為眾人帶來利益，投資能力越苗壯

同樣地，事業的目的不是為了賺錢，而是為了解決眾人的問題，當有所貢獻時，工作就會更順利。有個朋友家境富裕，就算經歷多次公司倒閉，依舊能重新開始。如果從中累積經驗就能提升成功的機率，但為何他會一直失敗呢？後來，當我聽見他提出的問題後，我便明白他一直失敗的原因。

「哪種事業才能賺很多錢呢？」

若想找到答案，就該繼續提問，不過必須是好的問題。

然而，在聽到他的問題後，我認為他現在和往後的事業大概都會失敗吧。如果只為了賺錢而創業，當然會失敗，他應該提出不一樣的問題。

「該做哪種事業，才能為眾人帶來利益呢？」

如果他的提問、思維與態度都不改變，無論商品再好，事業終究無法持久。

只要從眾人的幸福與喜悅中找到自身的幸福，自己的投資能力就會茁壯。當能力成長時，自己也會變幸福，累積更多財富。如果能幫助他人，自己的能力反而會成長，資產也會跟著增加。

只想在短時間內賺大錢，就充分足以證明自身的能力狹隘且不足，若想讓一切變順利，應該先培養自身的能力，千萬要牢記。

請不要認為擁有某項技術、商品或投資項目能讓自己變有錢，若不滿意目前的生活，就改變人生的態度，若不趁早改變，未來終將無法達成目標。只有正確的輸入（Input）才能獲得想要的輸出（Output）。

矽谷投資人、電腦駭客戴夫·亞斯普雷（Dave Asprey）在《防彈成功法則》（*Game Changers*）一書中提到：「長久以

來，我都在追逐金錢，不過越追求就會變得更不幸，後來我改變思維，我全心全意專注在真正可以讓我變幸福，同時能協助他人的事。只是追逐幸福，自然而然也獲得了財務上的獎勵，是幸福帶來金錢，而不是金錢帶來幸福。」

請努力樂善好施的人，如此一來人生才會變得更富足與幸福，希望你不會把這番話當作耳邊風，特別是想透過投資股票致富，心態就該不同於一般人。

財富和事業都不是靠投資理財創造出來的，那只是次要的問題，心態的不同才能致富。請真心期盼他人獲得幸福，以及努力給予他人協助。看見受到你幫助的對象順利，感受到滿足與人生的喜悅，已經具備成為真正富人的基本條件，之後學習投資會更得心應手。

## 03 投資人的眼光需要更宏觀

### 檢驗投資思維的觀點

德州脫口秀中，有一則故事。

老師問學生說：

「你飼養 12 隻羊，其中一隻跳過了圍欄，那還剩下幾隻羊呢？」

學生回答：

「大概一隻都沒有吧。」

試著思考一下，究竟剩下幾隻羊呢？可能剩下 11 隻，也可能剩下 10 隻，而且也可能和學生的回答一樣一隻都沒有。

可以根據每個人回答這個問題的答案，有效檢驗投資股市的思維，一隻羊越過圍欄代表遲早其他羊也能越過圍欄，最後牧場內可能一隻羊都不剩。

說剩下 11 隻羊的人只看過去與現在，也可以說，這些人

投資只看「過去與現在」的指標分析。但股票不適用這種觀點，若太著重於目前的指標，可能就會錯失宏觀的趨勢，就算是龍頭企業，未來面臨困境，股價也會下跌。

或許有人會反問：「那不是理所當然的嗎？」但令人意外的是，有許多股票投資人都沒想到這一點，容易沉浸在過去與現在的結果，也就是目前的指標或數字，因此往往會忽略預測未來。

許多投資人會談到自己也會考慮未來性，但事實上卻言行不一，表面上說重視公司的未來，實際上卻更關注本益比（PER）、股價淨值比（PBR）、近兩季的業績。

## 目光狹隘的投資風險

投資時，不僅要看公司的過去與現在，還要看後續是否能維持優質的財務狀態與發展。因此，需要以過去到現在的指標為基礎，觀察這間公司推動的策略能帶來何種成果、該產業是否有發展，必須以公司的過去與現在當作預測未來的根據。

昨天已經有一隻羊越過圍欄，現在剩下 11 隻羊，但明天可能全部越過圍欄，一隻不剩。因此優秀的投資人不會回答 11 隻羊，而是會考慮牧場內的羊總有一天會全部消失而回答：

「一隻都不剩！」

　　股票不能像使用顯微鏡一樣，放大觀察某個特定部位，只看單一指標或項目，必須靠整合的洞悉力綜觀事物與世界，如此一來成功率才會提升。不只要觀察過去和現在，還需要具備評估未來的眼光，請培養更宏觀的角度來觀察世界。

#  04 守住本金的投資，更能錢滾錢

## 股神巴菲特都在遵守的投資原則

當我想透過創業與投資股票賺錢時，通常都會虧錢，反而秉持不想虧錢的態度投資時，就能獲利。我經歷過戶頭歸零的挫折，在得到慘痛教訓後，終於制定了投資原則，同時叮嚀自己一定要遵守原則。

### 投資原則① 一定要守住本金

股神巴菲特的投資原則，讓他聲名大噪：

1. 不要虧錢
2. 遵守第一項原則

世界頂尖的投資人會想辦法守住本金或以保守的心態投資，不過我們周遭卻常常看到不同做法的投資人，特別是散

戶。許多散戶不是以守住本金為第一原則，而是積極尋找「一夕致富」的方法。

希望你能回顧自己都是抱持何種心態投資，在買進某支股票時是否有過這種想法呢？

「必須用這張股票賺多一點才行。」

「希望這張能大漲。」

假設你有過這種想法，從現在起，試著提出下列的問題。

- 這間公司能否守住我的錢呢？
- 是否為長期穩定獲利的安全公司呢？
- 現在適合投資嗎？

思考一下，至今自己是抱持前者的心態投資，還是抱持後者的心態投資呢？

「究竟我是屬於哪一種類型呢？」

是一心只想獲利隨便買進股票呢？還是抱持著買進這支股票至少不會虧本的想法呢？

# 時間會展現複利的力量

保本投資該怎麼做？應該要秉持收購企業的想法，若是以賺差價的心態買賣，最後只會讓券商得利，手續費是很驚人的，因此巴菲特所說的不虧錢投資是很困難的。

秉持收購企業的想法投資股票後，應該時時考量該企業能否守住本金，另外當股價不斷上漲或下跌時，就該考量到會有盤整期的情況。

投資績效不好或市場不佳時，更要打起精神，絕對不能被他人的言論左右與動搖，必須遵守自己的原則，密切關注市場且謙卑應對。

前述內容都必須有所認知與付出行動，才能在股市中生存，這裡所說的生存是指，本金至少會增加，隨著時間過去，本金與收益能展現複利的成果，累積驚人的資產。

簡單來說，不能為了創造龐大的資產，從一開始就放手一搏，投資時必須秉持謙虛的心態，專注於堅守本金，時間久了就能累積龐大的資產。投資股票時，一定要遵守投資原則，絕對別和自己妥協。

## 05 你的投資，決定家人的命運

### 避險基金教父達里歐害怕的事

世界最大避險基金橋水基金（Bridgewater Associates）創辦人達里歐（Ray Dalio）曾說：「別忘記可能會犯錯的恐懼。」他說，自己累積龐大財富的祕訣就是，不會忘記對投資的恐懼，因為害怕而分散投資，考量自己的判斷也可能會錯，於是採取謹慎行事的態度，也因此得以累積龐大的財富。

實際上，我每次投資時，認為自己的投資攸關家人的生死，如果抱持這種心態投資，就能更細心與徹底投入，同時以各個角度的觀點作為考量。

至今，如果我要開始一項新投資或分析新股票時，都會先感到恐懼，雖然以客觀的角度來看，我投資的成功機率不低於其他人，但我依舊會感到害怕，恐懼感會比一般人更嚴重。照理來說，面對新投資時應該期待能賺錢而感到興奮，但我都先感到害怕，為什麼會這樣呢？

對我來說，投資依舊是困難的、股票還是很可怕，所以我

盡可能先調查清楚，尋找績優與安全的公司投資。假設我沒有感到害怕，說不定就會輕易做出決定，不過因為我害怕，所以才會抱持小心謹慎的態度投資。而這就是第二個投資原則。

## 投資原則② 判斷可能出錯，要小心再小心！

我遵守了這項投資原則，認為自己的判斷隨時可能會出錯，向來都秉持認真思考與細心調查的態度謹慎投資，換句話說，我一直抱著戰戰兢兢的心情投資。

# 每個人隨時都可能會出錯

如果投資績效不錯，很容易會陷入自己非常擅長投資的錯覺，就不會依照達里歐的建議「懷著說不定會發生錯誤的恐懼」，而是會到處慫恿他人投資。這類的人只要偶然獲利，就會自以為自己是股神提高說話音量、輕視市場且得意忘形。這是股票投資人常見的情況，在財經節目、YouTube、線上股票論壇等，經常可以看見這類專家或自稱高手的人物。

玩股票的人非常多，但散戶看的方向都一樣嗎？就算出現熱門議題，大家也都有不同的想法。因此投資股票時，必須時

時了解自身的不足與保持謙虛，牢記自己隨時都可能會犯錯的事實。

投資股票的時間越久，就越要懂得謙虛，不是為了讓他人留下好印象，而是為了守住自己的資產。謙虛的行動才能守住資產，面對市場不好的時期，也能避免龐大的損失，更能掌握機會，長久延續。


## 沒有恐懼的投資就和賭博一樣

投資時，請抱持這次投資可能會失去一切的心態，若是發生任何差錯，不只是自己，連家人也可能陷入危機，因此要多加注意，不要一味只想一步登天，應該要在確保安全的狀態下投資。

想維持這樣的心態，在投資前，最好先提出以下的疑問。

- 我的判斷有沒有可能出錯？
- 我的判斷出錯時，該企業是否具備安全邊際*呢？

---

\* Margin of Safety，股票價格和企業內在價值之間的差距，內在價值比股價高出越多，安全邊際就越高，投資風險相對越低。

　　以這種心態投資時，就不會執著於績效，更不會受到誘惑左右。如果還是覺得只有獲利才算是投資的話，想想沒具備這種心態就去投資的無數散戶吧！戒慎恐懼的投資人與隨心所欲的投資人在未來會掌握何種結果，是否能想像呢？

　　每次投資時，請抱持賭上一切的心態，這樣就不會隨便挑選投資的公司，有人會賭上一切投資沒有任何實績的生技股或奇怪的公司嗎？

　　如果有人以這種方式賭上一切，那他不是在投資股票，而是在賭博。這些人獲勝率當然就和賭博時一樣低。

- 這間公司能否為自己與家人的生存負責呢？
- 這間公司是否能擔保一家人的未來呢？

　　如果這些問題都出現肯定的答案，那麼大膽投資該公司也無妨。

# 06 你會借錢給不認識的人嗎？

## 股市每天會發生的事

如果有人向你借錢，而且要你借出存了一輩子的積蓄，外加大筆金額的貸款，你會輕易答應嗎？這絕非簡單的事，幾乎是不可能。

不過，在股市卻經常發生這種情況，我認為有相當多散戶都把錢借給錯誤的對象，雖然對象是公司，不過站在借錢的立場，對方無論是公司或個人都一樣。

不會把生平積蓄借出的人投資時，卻會買進完全陌生的股票，從我的標準來看，儘管以「投資」之名，但這跟傾家蕩產是大同小異。

借錢給某人時，大致上都會評估那個人的現況、生活狀況與名聲，那麼投資股票時，是不是也要考慮這些？但令人訝異的是，許多投資人並非如此。

我只要一有空閒會研究「可換股債券」（convertible bond）*，但不會把錢委託發行附認股權債券（bond with warrant）**的公司，可惜的是，在股市裡有許多人都不會考慮這一點。沒有針對賺錢這件事深思熟慮，往往都是不管三七二十一，先買進再說。換言之，這類人都不會調查清楚該公司是否值得借錢，只想著能讓我賺多少錢。

「今天買了，往後會漲多少呢？明天就會漲嗎？」

不能以這種觀點投資股票！抱持這種心態買進不該買的股票，才會遇到公司下市或被套牢的狀況。

## 挑選借錢對象的眼光

挑選投資時，等於賭上所有積蓄，只能投資自己和他人認為是優質的公司，甚至連第三人也都想收購的公司。如果不是我值得信任的對象，無論事業企劃案多麼亮眼或能言善道，都該拒絕。看見向來表現不佳、不遵守約定的對象，突然交出華

---

* 可換股債券是一種公司債券，另加一個認購期權，給予認購人在特定時間內轉換成公司股票。可換股債券可以轉換成股票，是普通公司債券做不到的；同時，可換股債券通常有定息收入，保障認購人的回報，可視為「保本股票」。
** 附認股權公司債，指享有認購公司債發行公司股份權利的公司債，即附認股權公司債債權人，得依認購辦法認購發行公司股份的權利，成為公司股東，但認股後仍保有公司債債權人身分。

而不實的報告，口頭承諾短期內一切順利，就立刻掏出錢借給對方，基本上要拿回那筆錢的可能性微乎其微。

希望你未來在投資時，一定要先徹底檢視該公司是否值得信賴，調查清楚後再投資。

**07 如果一輩子只能投資 20 次……**

## 挑對股票就一定能致富嗎？

斤斤計較很傷腦筋，如果要我把投資股票簡化為一個問題，那我的問題會是如下：

**如果一輩子只能投資 20 次，那你會投資什麼公司呢？**

這是股神巴菲特提出的一個問題，只要把這個問題牢記心中，投資股票時的心態會有所不同。一輩子只有 20 次的機會，怎麼能隨便投資呢？當然要慎選收益超過市場平均的股票，不能跟風草率投資。

投資人聚集在一起時，就會自信滿滿地發表意見：

「從技術線圖來看，只要投資那間公司應該能在短時間內獲利 20%～ 30%。」

「最近的趨勢是生技股。」

「目前大麻股正在飆漲，如果能搭上車就能獲利滿滿。」

　　只要看見成交量大與熱門股，許多散戶就會心癢癢。股價若是能如我所願上漲就好了，在低利率時代，如果能輕易獲利20%～30%，真的非常棒！但這種事絕對不會輕易發生。

　　千萬別誤以為只要選對股票就能致富！關注的股票稍微下跌時就買進，稍微上漲時就賣出，這種投資方式看似能在短時間賺到錢，實際上卻不然。短期的差價難以賺大錢。

　　投資股票與創業時，不需要把虧損的理由想得太複雜，根本只是完全搞錯方向！創業必須以造福他人為目標，投資股票則要抱持收購該公司的心態，但投資失敗通常都是因為沒有符合這個條件。換句話說，因為只抱持「要賺錢」的心態，所以才會虧錢。

　　一般人都會抱持想賺大錢的心態，不過在股市中，為了賺錢而盲目投資，最後當然會虧損。若是執著於想賺錢的念頭，最終將淪落為「祈禱能保住本金」的窘境。


## 越認為投資機會多，失敗機率就越大

　　一輩子只有 20 次的投資機會，要不要抱持著這種心態投資呢？你是否會認為別支股票漲更快，於是把持有的股票賣掉，轉買其他股票呢？這種投資方式在 1 ～ 2 年內，就會用光

20 次的機會。

買進某支股票時，應該抱持這是人生最後一次投資的想法下單，意思就是投資要謹慎小心！這樣能避免「祈禱能保住本錢」的情況。

思考一下，你認為改變人生的機會是常有的嗎？我認為，經常投資與買賣如同每天在尋找改變人生的機會。這種事真的辦得到嗎？多數人大概都是抱持否定的答案。怎麼可能每週或每月都出現能改變人生的股票呢？

如果真的辦得到，許多人早已從身無分文變成億萬富翁。在現實世界中，就算是績優公司的老闆，若該公司的價值未能上兆，要創造出上兆的資產是很困難的事。巴菲特的資產大部分也都是公司的股份，總之切記，改變人生的投資機會並非每週或每月會出現的。

只要視為人生最後一次的投資，或認為人生只有 20 次的投資機會，基本上絕不會冒然投資。

改變投資的心態與想法後，就不會亂買股票，而是會懂得節省與儲備銀彈，當關鍵時刻出現時，也就是讓人想孤注一擲的公司出現時，就會大膽投資，此時就能獲得好的結果。

唯有堅信一輩子只有 20 次的投資機會，投資前就會更仔細研究，透過完善的調查讓信念堅定後，就能屹立不搖，而且不會笨到一有獲利，就把充滿潛力的股票賣掉，最後能獲得

「財務自由」的禮物。

　　若改變原本的心態，結果也會不一樣，先前的心態只會造就相同的結果，就從明天開始改變心態吧！相信你的人生會從此改變。

**08 股市沒有一體適用的獲利公式**

## 散戶投資失敗的原因

多數人都在投資前才開始做功課，閱讀理財書、加入股票論壇，也會向股市高手學習。另外，也有人盲目研究線圖，或是閱讀書籍或社群上的分析文章，進行各種不同的嘗試。雖然這些都是想成為股市高手的努力，但實際上投資後，才發現失敗後獲得的智慧更具價值。

在投資股票前，我付出了相當多的努力，我認為知道的資訊越多，越能降低失誤。不過，無論閱讀哪類的書籍，實際上也難以提升投資績效，畢竟書終究只是書，無法幫我們累積經驗。

其實，投資股票也沒有所謂的超強訣竅或技巧，打消想尋找這類訣竅的念頭反而會更好，優秀的高手偶爾也出錯！換句話說，股市對任何人來說都很困難，不過散戶會面臨更大的難關，因為他們都忽略且不遵守應有的基本原則。

以為只要遵守網路流傳的選股方式、或抱持何種投資模式

就能獲利，沉浸在一夕致富的幻想，而從未遵守投資原則，最後造成虧損。許多長期股票投資人也未能從一而終，這就是最大的問題。

## 閱讀經典，設定專屬自己的投資原則

儘管如此，我還是會建議閱讀投資股票的相關書籍，因為吸收相關知識後，才能提升新手對股市的敏銳度。我建議，先到書店找出符合自己風格且容易閱讀的兩、三本股票書，只要能掌握股市趨勢與擴充背景知識就足夠了，挑選能從頭到尾看完的書很重要。

如果是有經驗的投資人，為了重新省思投資的基本原則，我會建議閱讀投資經典著作。當然這些書對新手也有幫助，就算沒有穩賺不賠的投資技術，創造與遵守個人投資原則很重要。投資經典對制定投資原則有莫大的幫助。

以下是我推薦的股市投資書：

- 《智慧型股票投資人》（*The Intelligent Investor*），班傑明・葛拉漢（Benjamin Graham）著
- 《笑傲股市》（*How to Make Money in Stocks*），威廉・

歐奈爾（William O'Neil）著

- 《獅群中的斑馬》（*A Zebra in Lion Country*），拉爾夫·萬格（Ralph Wanger）著
- 《非常潛力股》（*Common Stocks and Uncommon Profits and Other Writings*），菲利普·費雪（Philip Arthur Fisher）著

比起閱讀太多投資技術的書，我更建議熟讀這四本書設定自己專屬的投資原則。而且我認為，反覆實踐，思考是否符合自己且修正的過程，是提升投資績效最有效與正確的方法。

若是認為這四本書還不夠，可以閱讀你認為需要加強知識的書，這樣應該就夠了。比起在腦海中塞滿各種知識，吸收正確的知識更重要。

## 了解人性，更能提升投資績效

透過這四本經典，若已經充分理解股票的相關基本知識與生態，接下來可以擴展其他領域！與其一味閱讀股票書尋找投資祕訣，不如閱讀各領域書籍培養洞察力更有幫助。簡單來說，只要多觀察人文學動向、政治、外交、經濟問題等，以及重視世界的趨勢，就更有可能獲得不錯的投資機會。

特別是閱讀歷史、心理等人文書籍，了解人性對提升投資
績效也有幫助，股市聚集各式各樣的人，我們投資的公司也是
聚集許多人工作的地方，因此關鍵就在於，對「人」的理解。
也就是要為了理解股市的生態而付出努力。

公司生產的商品（企業體）、使用產品的對象（一般消
費者）同樣都是人。換句話說，為了消費而做出決策的主體是
人。因此，理解人的行為模式比任何事都更重要，這也就是必
須重視歷史的理由。

歷史是會重複的，人類想要的渴望、貪念和慾望會隨著
時代改變，只有型態與說法改變而已，本質從以前到現在都一
樣。也就是說，階級、性向、消費型態、期待的事物幾乎沒有
改變。因此，只要研究歷史與人類的心理，就能培養出洞悉未
來的眼光。

**股市不像數學存在標準答案的公式。**

不過，許多人可以透過各種媒體，學到別人投資成功的訣
竅，然而不是只要學到了擅於踢球的方法，每個人都能像「亞
洲一哥」韓國職業足球員孫興慜一樣有優異的表現，光憑有經
驗的人傳授幾項訣竅，是無法讓大家都致富的。

球技想比別人更勝一籌，必須結合不斷努力與天生的資質

等條件才能辦到。

　　假設孫興慜公開了他的踢球公式，腳踝擺出的角度、左腳的重心放在哪、以何種感覺踢球⋯⋯，也不是每個人都能像他一樣厲害。同理，股市也不存在一體適用的獲利公式。

　　在本書中，我會分享什麼是股市、我們該以什麼心態投資股票的相關內容。讀完後，你會領悟到自己為何會虧錢，學會邁向財務自由的方法。

　　讀完本書，請持續進行挑選產業、尋找與收購公司的投資訓練，就算不是要教導他人或從事學術研究，這也是該做的事。如果你希望透過投資增加資產，和家人過著富足的生活，本書的內容就夠了。

　　依照我書中的方法篩選公司，一年內很難找到兩、三支可以投資的股票，但只要投資最符合自身原則的公司就行了，不需要絞盡腦汁，就算暫時拋下一切，放心大睡也無妨。

# 第 3 章

# 打破常識與框架，
# 獲利就提升：
## 常見的投資陷阱

投資股票時，認為理所當然的一切，

事實上卻是完全相反。

這就是我失敗的原因，

明白這一點後，我終於獲得了財富。

# 01 投資過程慢，
# 資產增加速度反而快

## 在股市中不停切換車道，只會通往必敗

開車時，你是否曾因為自己行駛的車道太慢而切換車道，過沒1分鐘又因為太慢再次切換？許多人都有類似的經驗，事實上車多擁擠時，就算切換車道也沒用。換句話說，變換車道對抵達目的地的時間沒有太大的幫助。

在股市中，這種情況比比皆是，手上的股票漲幅比其他股票慢，實際上漲幅慢也是很正常的，不過這時大家都會忽略一件事。

假設只投資一次，當我的股票漲幅慢，其他股票看起來較快時，當然可以試著更換。不過幾乎沒有一輩子只投資一次的投資人，變換車道或許能成功一、兩次，不過長期來看，一直變換車道，若發生差錯，反而會把更快獲利的股票轉讓給市場，甚至造成虧損。

如果目標是想更快速累積資產，任意變換車道說不定會背道而馳。重要的是，必須行駛在指引我們抵達目的地的正確車道上。

## 短線投資的資產累積有限

在股市殺進殺出的投資人，往往都會淪為市場的韭菜 *，根據許多專業與業餘投資人的經驗，短線投資人很難累積到 20 億韓元（約新台幣 5,000 萬元）以上的資產。其實，我相當喜歡短線投資的獲利率，不過資產少時會有增加的感覺，但超過 3 億韓元（約新台幣 750 萬元）情況就不同。

依照我的經驗，短期內就算賺個幾千萬，那個幾千萬很快就會消失，當這種情況反覆上演時，就會明白短線投資很難存到 10 億韓元（約新台幣 2,500 萬元）。

我認識一位首屈一指的短線投資人，但是過去數年間，他的資產都停留在稍微超過 10 億韓元的水準，每個月只賺到生活費。

---

\* 韭菜是一種很堅韌的植物，在「大戶」眼中，總會有源源不絕的新散戶投入到市場內。因此便將這些人戲稱為「韭菜」。

　　舉例來說，以 5 億韓元（約新台幣 1,250 萬元）進行短線投資，投資人每天、每小時都得盯盤，就算只上下 3%～4% 也是幾千萬來回，因此從下跌稍微回漲時就會立刻賣出。反之，若是下跌 5%、7%，甚至下跌 10%，瞬間就虧損 5,000 萬韓元（約新台幣 125 萬元）。這種情況下，不斷承受壓力，資產也不如預期。若股價稍微上漲，就會因為先前下跌承受的恐慌，而立刻賣掉或被套牢，不僅變成非自願的長期投資，也和增加資產的目標漸行漸遠。

　　若是錯過脫手時機或趁低檔攤平成本，隨著虧損越多，往往容易失去機會成本，陷入賺小賠多的惡性循環。

## 殺進殺出的投資人成為市場韭菜

　　買賣小型住宅，比大樓更容易，因為價格低，不會有太大的負擔。反之，大樓則需要審慎思考後再行動。同理，資產多的人能沉穩持有股票，希望可以獲得高利潤，不會為了一點利潤就進行買賣。

　　由於股票買賣時都必須支付手續費和證交稅，就算沒獲利或虧損，同樣的價格買賣 10 次就需要多支付手續費和證交稅，本金就這樣減少了。就算每天買賣一次，每個月 20 次，

連續 5 個月都使用相同的方式交易，有一大部分的資產都因為支付手續費和證交稅而消失。如果每天頻繁投資 1 次以上，光是每季的交易成本就很多。

　　短期頻繁買賣，當下會有賺錢的感覺，因此容易產生很快就能成為有錢人的錯覺。一個月的薪水 300 萬韓元（約新台幣 7.5 萬元），一週的短線投資若能獲利 300 萬韓元，當然會認為自己可以輕鬆成為有錢人。

　　我在進行價值投資前，也和散戶一樣進行了短線投資，短期投資像是入門課程。當時獲利率也相當不錯，看見我上傳的短線投資獲利率與成功率後，很多人都嚇一跳。不過看似會暴增的資產卻在一定金額時就停滯了，不再增加。

　　至今，我不曾見過有人透過短線投資賺到 100 億韓元（約新台幣 2.5 億元），不過卻時常見到以價值投資的人坐擁 100 億韓元以上的資產，透過輿論也能見到藉由價值投資累積 100 億韓元財富的經驗談。若想透過投資成為富人，就該認清短線投資有一定的極限。

## 正確的方向時間長，但快又準

　　若想大幅度增加資產，就該進行長期投資，選擇與企業攜

手共伴之路。最後，我明白自己的資產會和企業的成長一起增加，改變投資的方法。我所謂的長期投資，不是指買進「績優股」盲目長期持有，而是依照各自的投資原則，等待該公司利用持有的資源創造盈收的過程。後面章節，我會詳細說明我的投資原則，簡單來說，就是從成長的產業中，選擇成為有錢人的公司。

現在，我約 1 ～ 2 年會投資一次，偶爾也會進行小額短線投資來排解無聊，但挪用大量資產的重要投資則是 1 ～ 2 年一次。投資明確的產業與公司時，過程中就算下跌 5％ 或更多，因為我本來就打算 2 ～ 3 年內投資該產業與公司，等待過程中完全不會受到動搖。後來，當好的時機來臨時，以不錯的獲利率賣出，5 億韓元便增加為 10 億韓元，再變成 20 億韓元。在投資過程中，偶爾也會有瞬間暴漲的股票。

然而，買賣頻繁的投資人因為需要支付手續費與證交稅，隨著時間過去，虧損的金額就會越積越多。相反地，就算過程中未實現獲利顯示虧損，我依舊堅信自己投資的產業與公司，在耐心等待後，就會在不知不覺獲利。

除了我的經驗，也請看看國內外在市場獲利的成功故事！他們絕對沒有快速切換車道，也沒有透過經常買賣股票成為有錢人。投資高手大部分都是沉穩且從容投資，才能創造出龐大的財富。

股市，是為了賺錢而盲目進場便會虧損的地方，
若想在短時間內獲利，就會越快失去資產。

試著反其道而行吧！相信一定會有驚人的體驗，不要為了賺錢而盲目行動，投資請守住本金！不要尋找更快的車道，請行駛在能正確抵達目的地的車道！那麼就能見到至今未能接觸到的新世界。

這是前輩們已經驗證過的方法，幹麼辛苦尋找新方法呢？答案早已出現在股市中。

靠投資股市成為有錢人，最快又準的路是，「正確的長期投資」。

# 02 估算企業價值的指標，不是答案

## 估值，不是穩賺不賠的獲利公式

估值代表評估資產或公司目前的價值，通常理財專家會建議投資股票時，要先了解估值再投資，那麼估值會精準反應大家都認同的價值嗎？

評估價值不像數學或測量物品有精準的答案，換句話說，估值隱藏著評估者主觀意見的陷阱，依照評估標的不同，評價的高低判斷也會不一樣。

由於分析價值時，每個投資人重視的部分與設定權重不同，也就表示讓每個人都認同的評估不是容易的事，因此沒有人可以自信說出某企業的合理價值。

為什麼會發生這種情況呢？

價值，是判斷事物的意義與有用性，但每個人對有用的標準不同，因此往往各自認為的價值也會有所差異。一般來說，

評估企業價值後，目前股價比估值更高時，就是高估價值；反之，就是低估價值。舉例來說，某人說 3 萬元比企業價值便宜，就買進；某人則說 2 萬元才便宜；另一個人說是 1 萬元。

買賣就是因為彼此對估值的想法不同才進行，有人認為便宜而買進，有人則認為昂貴而賣出。舉例來說，如果同量的水和石油，其價值會隨著需求者而不同。對食品業來說，水的價值高；對運輸業來說，石油價值會更高。直到食品業必須外出，因車子需要加油，石油的價值就會變高。就算商品的價值對使用者來說是相同的，但也會隨個人的價值觀、經驗、用途而不同。

評估企業價值也是如此，隨著每個人的立場、主觀、經驗不同，賦予權重的地方也不同，結論就是估值會因人而異。

幾年前，一家大企業收購了一家知名但未上市的導航公司，評估收購價時，合理價格會依照收購者而不一樣，但此企業使用了何種方式呢？

根據報導指出，該企業把當時導航公司擁有會員人數，當作收購價格的重要標準，也有評估技術能力，但會員人數對收購價格造成相當大的影響。具體來說，這間大企業決定收購價時，採取的方式是每有一名會員加入，收購金額就增加，在這種情況下，常用的資產淨值等指標就不重要，也沒有太大的意義。

　　當時公司以 600 億韓元（約新台幣 15 億元）左右的價格賣出，也有人評估說，如果是賣給海外企業，收購價大概將近 1 兆韓元（約新台幣 250 億元）。估值就像這樣，價值會依照分析者不同，而有天壤之別。

## 重要的是市場評估，而不是個人評估

　　觀看財報或閱讀價值投資相關書籍時，經常利用「現金流量折現法」（Discounted Cash Flow, DCF）把未來會產生的現金流都轉換成「現值」（Present Value, PV）。不過，把未來現金流轉換成現值的過程中，要精準評估是相當困難的，況且要精準計算未來預期的銷售與收益，是幾乎不可能的事。因此，比較常用「相對價值」（Relative value），其中最具代表的指標有：本益比（PER）、股價淨值比（PBR）、股價營收比（PSR）、企業價值倍數（EV/EBITDA）。

　　比較財報數據與市價總額後獲得的數值，可以分析出公司是高估還是低估的狀態。但我認為，用這種方式的效果有限。

　　用 PER、PBR 等相對價值的評估方法，難以計算特定企業的價值，我會分析相似公司的收益、帳面價值、銷售額成長率等公司總市值，是營業利潤相對幾倍的金額，把算出的數值和

其他公司進行比較，但結果也僅供參考。

我們不是在研究學問，因此應該捨棄精準計算的估值，還是能知道是否有低估價值。估值要精準很困難，而且當只有自己認同，市場卻不認同時，估值就會失效。

舉例來說，現在以 3 萬元賣出公司，就算自己估算公司的價值是 2 萬元，市場的估值有可能不低於 3 萬元，反而估值還會高於 5 萬元或 6 萬元。相反地，以 2 萬元收購後，估值也有可能會跌至 1 萬元。

股市就像這樣，不會依個人的估值漲跌，重要的是市場的思維，而不是個人的思維。

估值屬於參考數字，不要依照過去所學找答案！如果那就是答案，照理來說，應該許多人早就變成有錢人了，不是嗎？真正重要的，不是徹底分析一間公司，而是要尋找真正會成長的產業，選擇該產業的好公司。對投資人來說，這樣才是正確的心態。

那麼，該如何評估企業呢？

會有這類的疑問很正常，請不要擔心！本書內容包含，能獲得市場認同的評估方法。

 ## 03 預測市場的神奇指標不存在

## 投資分析工具只能當作參考

財經節目上，經常看到有人利用技術指標，精準預測低點與高點，我也曾一度信以為真，全盤照收。

然而現實並非如此，如果有人敢保證只看技術線圖或指標，就能精準預測市場的走勢，那我會把所有財產都委託給他，但這種事絕不可能發生。

若還是相信神奇指標的存在，希望你能趁早死心。如果真有那種好康的事，對方早就自己大撈一筆了，幹麼要公開呢？雙眼不要被蒙蔽了。

**預測漲跌的神奇投資指標並不存在。**

有一段時間，投資人相當流行運用股票輔助指標「布林通道」（Bollinger Bands）*與 MACD 指標**。有人號稱，只要活用某些技術指標，就能找出短期內會飆漲好幾倍的股票，不

少人信以為真，繳了昂貴的入會費，至今在 YouTube 或網路上還是看得到類似的廣告。

廣告會這樣寫：「工讀生或家庭主婦投資推薦的股票後，獲利 20 億韓元，從此翻轉人生！」

以投資股票為主業的我，可以有自信地說：「那全是騙人的！」這種事絕不可能發生，我至今不曾見過，相信往後也不會出現，希望你千萬別被廣告騙，不要浪費錢。

老實說，如果可以讓資產變多，我也很希望有神奇指標，就算手續費高於 10 倍也無所謂。很遺憾的是，這類廣告中出現的人，全是業者虛構出來的人物，只不過是引誘入會的行銷手法。

利用估值判斷買賣時機的分析工具也不存在，某公司的股價取決於公司或產業環境，技術指標或估值指標，無法預測買賣時機。

本益比（PER）、股價淨值比（PBR）、股東權益報酬率（REO）受到許多海外投資人運用，因此曾經相當盛行。至今，還是很多投資人常用這些指標，而我也會參考這類指標，

---

* 1980 年代約翰·包寧傑（John Bollinger）研發的指標，以趨勢中心線－移動平均線為主，設定上軌線與下軌線，上、下帶寬指標會隨著股價而變動，藉此判斷通道內股價動態的指標。
** 利用長期與短期移動平均線之間的差異，捕捉買賣信號掌握趨勢的指標。

但光憑這些指標是無法判斷買賣時機或股價是否低估與高估，只能當作參考。

## 指標無法看見公司的真實全貌

挑選潛力選手時，光憑 DNA、血型、身高、體重、體力，就能找出日後的頂尖健將嗎？利用幾項基本資料，就能找到世界巨星嗎？其實，我認為頂尖選手的條件，更受到意志力與環境的影響。實際上，全世界優秀的選手比比皆是。

若單憑幾項指標就想找到好公司，跟只憑幾項基本條件就想判斷未來巨星，根本沒兩樣。

每年都會有許多剛畢業的學生進入社會，只憑學校與外貌無法判斷他們日後是否能成功。外貌出眾加上名校畢業，這類型的人踏出的第一步一定比其他人更順利，但就算剛開始一帆風順，未來也不一定可以擁有自己想要的人生，累積龐大的資產。價值觀、人生觀、態度、人性、閱讀量等，說不定才是更精準的指標。

比起英文成績、名校畢業與外貌條件，我更著重價值觀與態度，因為我認為這樣找出好公司的機率更高。當然就算是具備良好的人生觀、態度、價值觀，也不見得會一帆風順。在股

市中，公司的企劃內容不錯，但經營狀況差，也難以在業界中
生存。

本益比（PER）、股價淨值比（PBR）、股東權益報酬率
（REO）等，相對價值的主要指標不包括經營狀況，因此要多
加注意！實際上，經營狀況比這類指標更重要，換句話說，營
運狀況通常對公司的興衰有深遠的影響。

另外，就算財務狀況佳，若是經營者的資質不足、企業文
化差、經營狀況不好、缺乏應對能力，資產很快就會減少。這
些都不會出現在投資指標中，因此投資指標只能當作參考，應
該投入更多時間分析產業與經營者，以及觀察該公司的產品、
技術能力、行銷能力等。

我再次強調，這個世界上不存在神奇指標，可以幫我們找
出低估與高估的股票，甚至判斷買賣時機。

# 04 買進便宜股，
## 這種做法可能有誤

## 便宜買進股票的錯覺

「便宜買進股票」這句話是正確的嗎？如果有價格便宜的標準，或許是正確的。如果便宜的標準明確，有人能準確辨識，那個人應該就能成為世界最有錢的人。不過為什麼比一般人更了解股價形成原理的會計師、經濟學博士、教授等頂尖專家，都無法靠股票賺大錢呢？

這是因為「便宜買進」的標準沒有正確答案。如同前文多次提到，便宜或低估價值的標準會因評估者而不同，股價是股市交易的大眾決定的，不會依照頂尖專家分析的結果決定價格高低，無論專家分析多麼精準，大眾的觀點若不同，一輩子都不可能有所謂的便宜價。就算有人說：「這樣算高估了！」「很難繼續上漲！」股價也可能會繼續往上漲。

現在大家都能即時分享資訊，加上投資人比過去做了更多

功課，投資水準明顯提高。在這種情況下，真的有辦法像「菸蒂投資法」（Cigar Butt Investing）＊一樣，以低於合理價買進股票嗎？

除非發生新冠肺炎、金融危機等國際災難，但這種事可遇不可求，反而是買了不該買、具有大跌的潛在危機或認賠賣出的狀況更多。況且只憑技術指標，也有風險。

若進行價值投資，會評估價值後，以買進便宜的標的，這裡的便宜買進指的是，相較於資產淨值或每股盈餘，總市值被低估很多。不過，現在的投資人比過去更精明，要獨占資訊也不容易，因此要以好價格便宜買進是極為困難的事。投資人應該接受這個事實。


## 價格由市場決定

**價值投資，不是便宜買進後，盲目等待，而是以合理價買進熱門產業的優良公司。**


這是我對價值投資的定義，真正好的股票因需求多且價值

---

＊ 最早起源於《證券分析》，在《智慧型股票投資人》一書有更詳細的說明。「菸蒂投資法」是價值投資之父本葛拉漢的學術精華。雖然掉落在地上的菸蒂只能讓人再抽一口，但不需要花錢，剩下的最後一口菸完全賺到。

高，所以不太會下跌，這就是為什麼韓國江南區的房價能長期不跌的原因。

抱持這種思考方式投資，就算稍微買貴了，更可以找到好的投資標的。與其因為便宜就購買十棟位於郊區的房子不，不如花比較多錢，買下位於韓國江南區的大樓會更好。投資股票時，我也是抱持這樣的觀點。

重點在於，以合理價購進優秀的公司，如果企業體質好，未來有發展，任何人都認為的優質公司，無法用便宜價買進也是理所當然的。

2015 年，韓國半導體零件公司 TCK 的股價曾一度從 23,000 韓元（約新台幣 575 元）跌至 7,000 ～ 8,000 韓元（約新台幣 175 ～ 200 元），該公司主要生產固定晶圓的消耗零件，在韓國具有獨占的競爭優勢。TCK 的股價跌至 1 萬韓元以下時，評估市場影響力與未來的經營狀況後，我認為是合理的買進價格。相反地，我周遭的投資人依舊認為 PER 太高，因此視為高估股。雖然他們都是有一定績效的投資高手，但對投資有所顧忌。

3 年後，TCK 的股價上漲至 83,000 韓元（約新台幣 2,075 元），3 年的時間飆漲了 10 倍，由於每個投資人的觀點不同，判斷低估股或便宜價的標準因人而異。

投資股票當然不想買貴，不過非常便宜的標準只是「自己

期望買進的價格」，市場可能不會出現該價格，反而還上漲。
追究合理價時，請這樣問自己：

**「這是我心中的合理價嗎？還是市場認同的價格呢？」**

舉例來說，有一支股價 3 萬韓元（約新台幣 750 元）的股票，但認為 2 萬韓元（約新台幣 500 元）才是便宜價，因此等待下跌，最後會怎麼樣呢？實際上，可能會跌至 2 萬韓元，但也可能在跌到 24,000 韓元（約新台幣 600 元）或 25,000 韓元（約新台幣 625 萬元）後，開始反彈。不管是誰，都不該忽視股市認定的價格，許多投資人都一味等待股票跌至便宜價，但結果股價不跌反漲。

便宜買進股票固然很重要，但更重要的是，以合理價買進經營狀況極佳的優良公司。現在不是以便宜價買進好公司的時代，而是以合理價買進傑出公司的時代。

面對市場變化，我們不該視若無睹，畢竟投資的生態是由人創造的。千萬別忘記人類的智慧、生活習慣、價值觀、流行等，會隨著時代改變，就算時代變遷，大家都能找到好的公司。不過，「好」的標準也會隨著時代、投資人的狀況而改變。

買股時，我不會把焦點放在買進便宜股，因為選擇正確的公司更重要，這就是獲利的關鍵。

## 05 不需要專業知識，
## 也能挑到好公司

## 商業模式越單純越好

分析一間公司時，最讓人費心的就是，研究財報與技術線圖走勢，這也是基本面的必備功課。除了基本面，還必須進一步觀察。

那就是公司的資金來源、販賣什麼商品、提供什麼服務、顧客是企業還是一般消費者、公司的營業主要分布在國內或國外等。另外，還要分析原料的來源，如果與原料國發生衝突時，是否能從他國取得原料，外交問題也會影響盈利。

所有分析中，最重要的就是「公司是否具未來性」、「公司是否能一直賺錢」，輝煌的過去無法保證未來的成功，無論現在的數據多漂亮，一週內股價只要下跌兩、三天，就會變成大家都心生畏懼的走勢。

更重要的是，對公司的營業項目要瞭若指掌，若無法了解

內容，該公司就不算是好的投資標的。企業必須能精簡描述公司的收益結構，如果要費好大的功夫才能理解，那就不算優質的商業模式。

2019 年，韓國某企業把垃圾非法出口到菲律賓，被菲律賓發現後又運回韓國，此事件鬧得沸沸揚揚，原因是業者謊稱出口到菲律賓的是可回收的垃圾。根據報導的照片，看得出垃圾量非常龐大，估計約有五、六座足球場大，據說有數千噸的非法垃圾散落在各地區的田野與山上。

可以想像一下該事件的未來發展，由於在國際上顏面盡失，因此必須妥善處理回收垃圾與廢棄物，相關業者就能受惠。這種分析需要艱深的專業知識嗎？回收垃圾醜聞事件是不是可以讓人輕易聯想到，廢棄物處理業者從中獲利的模式嗎？

當時，我關注到，廢棄物處理業者 Koentec 比其他競爭公司擁有更多掩埋場，據說往後 10 年都能使用。站在廢棄物處理業界的立場來看，掩埋場越多，越有競爭力，因為要掌握新的掩埋場是非常困難的事。

為什麼擁有掩埋場會很困難呢？簡單思考一下，如果你家附近要興建垃圾掩埋場或廢棄物處理場，你會怎樣呢？當然不希望發生！住在附近的居民有誰會開心呢？所以企業、政府在建蓋掩埋場時，相當吃力不討好，必須先獲得居民同意，還要通過環評，因此批准建蓋掩埋場的時間至少要 3 ～ 4 年。

# 尋找市場上的「甲方」

從韓國廢棄物處理廠商的現況來看，大部分的掩埋場頂多只剩下 1 ～ 2 年的時間，當然業者都竭盡所能建蓋新的掩埋場，因此廢棄物處理單價每一季都在上漲。

韓國廢棄物處理業者 Koentec 的營業利潤逼近 50 ％，就能猜到其他同業面臨何種危機，也能知道市場上誰才是「甲方」，處理廢棄物相關類股也會開始受到矚目。

其實結婚後，我負責處理廚餘與進行垃圾分類，從日常生活中，開始關注垃圾回收與廢棄物處理的廠商。每天看著滿滿的垃圾，心裡突然有個想法：「國家的土地如此狹窄，到底要如何處理無止境的垃圾呢？要處理龐大的垃圾，相關產業一定會大幅度成長吧！工作應該會源源不絕。」

股神巴菲特說，自己會關注消費者愛吃的食物、穿著、使用的物品後挑選公司，或許因為他自己愛喝可樂的關係，他格外喜愛可口可樂的股票。答案真的就在日常生活中，大眾愛用的產品或服務，也會反映在股市中。

不需要擁有專業知識才能分析公司，如果是大眾愛用的產品，公司當然會賺錢，像這種能讓你輕易理解獲利模式的公司就是好公司。這不需要估值或技術分析，而是透過商業模式篩選公司。

　　在估值前，請先確認商業模式是否簡單，篩選能輕易理解獲利結構的公司，再進行價值評估。就算是分析技術線圖也一樣，千萬不能更改順序。

# 06 遠離股市網路論壇的文章

## 充滿自以為聰明的評論

若想財務自由，讓親朋好友過幸福的日子，首先必須培養自身的能力，然後秉持對人生的正確心態與善念投資，還需要學會過濾自以為聰明的言論。如果能領悟到財務知識、投資理論、投資指標都不是成為有錢人的主要條件，越早越好。

那麼，到底誰是自以為聰明呢？

許多人會在股市網路論壇發言，有些文章令人懷疑真的是成熟的大人寫的嗎？還有許多酸民留言或散布讓投資人動搖的假消息。

有人之所以會在股市論壇發表負面內容，是因為期待股價能下跌，如果看過文章而把股票賣掉的人變多，股價就有可能下跌。這種人喜歡這樣操弄股民，當股價下跌時，他們就買進，當股價上漲時，就賣出；當自己賣出的股票反而上漲時，他們就會刻意散布假消息，希望他人買進的股價比自己差，所以才會耍心機。

這類人就是自以為聰明的投資人，他們會寫出邏輯不通的文章，反覆買賣股票，而且缺乏足夠的本金，只為了區區幾千元耍盡小伎倆。但他們忘了一個事實，用這種方法絕對無法致富。就算當天或那週有獲利，但過了幾年後會發現，帳戶餘額沒有太大的變化。

## 對負面的評論不要太認真

網路論壇中，自稱股市專家都會針對某公司發表長篇大論的分析內容，不過大部分都是不要投資某公司的警告內容。

「這間公司的 PER 與 PBR 偏高，因此股價太高。」

「因為控股公司發配太高的股息給股東，因此實際利潤不多。」

他們在我眼中同樣也是自以為聰明的投資人，雖然他們也做了許多功課且經驗豐富，但我認為對這類文章最好別太認真，特別是投資新手或上班族，可能會焦慮不安，因此應該避而遠之。

這類人多半沒投資，卻提出負評。經常說出負面評論的人，絕大部分都沒真正擁有成功的人生。談論自己不曾親自走過的路，跟八卦新聞沒兩樣，絕對不是正確的建議。

　　過去，我在網路上提過幾支股票，十則回覆中有九則都是負評，但當時的股價卻不斷飆漲，連我都感到相當訝異。當出現不同的意見時，我只會認為：「哦，原來也有人那樣想！」「也有人抱持這種觀點呀！」然後，我會進一步檢視評論者過去的投資，確認這段期間的績效。

　　我見過許多說得冠冕堂皇的投資人，但如果真的厲害，過去數十年的績效應該很好，早已累積龐大的資產不是嗎？若只會批評他人，沒有實質的績效，就不需要參考那種人的意見。不該為了這類負面評論與建議而動搖。

　　投資時會迫切希望得到建議，應該向已經投資成功的人請教，但不一定非得親自見到本人才行，到書店就能輕易接觸到對我們有益的書籍。

## 真正的有錢人不會浪費時間評論

　　其實，投資賺大錢的人不會隨便在網路發表文章浪費力氣，而是會把時間與力氣用來尋找下一個投資標的，不會輕易追高殺低買賣股票，也不會為了操弄股價而刻意提出看衰的惡意言論。

　　坐擁好幾棟大樓的有錢人，會在股市網路論壇喋喋不休

嗎？他們會對聚集小資散戶的社團感興趣嗎？我認為，有錢人就算為了觀察股東的動態而加入，也不會久留。

換言之，富人不會浪費時間在網路上的匿名文章，也對批評他人的文章不感興趣，更不可能留負評。會關注這類內容且受影響的人，通常也都是自以為聰明的投資人。

打造懂得照顧他人的真正財富，才能獲得更大的財富與幸運，正所謂「種瓜得瓜，種豆得豆」。為了靠股票實現財務自由，就得先具備正確的人生觀與心態，累積投資眼光與經驗，才能成為真正的富人。

 ## 07 戒慎恐懼輕易取得的資訊

## 平白無故獲得的消息，都是垃圾資訊

「海景第一排，只剩最後一席！」

在路上經常會看到這類的房屋廣告，雖然多數人對這類廣告不以為意，但偶爾也會關注一下。

簡單思考一下，如果真的和廣告說的一樣，就表示房屋還沒賣完，而且要是物件真的很棒，有可能輪得到看見廣告的人嗎？

大概早就銷售一空了吧，如果真的像廣告內容一樣那麼棒，建設公司的員工應該會不惜貸款買下吧？

實際上，精華地段出現的物件，通常爭先恐後在搶購。你有看過精華地段懸掛的廣告嗎？基本上，就算沒有廣告布條或宣傳單，大家一聽到消息就會蜂擁而來。

投資股票人偶爾也會聽到以下消息：

「我認識的客戶說，不久後會簽到一大筆訂單。」

「我朋友的生技公司說，即將進入臨床試驗，預計會有不

錯的成果。」

證券公司也會發送這類的訊息：

「某股份公司，在中國有將近 1 兆韓元（約新台幣 250 億元）的統包合約。」

我也收過好幾次類似的訊息，後來因為不想收到訊息，便刪掉 APP 了。

思考一下，1 兆韓元的統包合約，這種跟我無關的消息都能傳到我耳中，那真的是準確的資訊嗎？就算是正確的資訊，在我聽到消息前，經過多少人了呢？若是莫名其妙聽到消息，至少要先懷疑吧。靠四處流竄的消息投資，能賺錢的機率非常低，反而被利用的機率更高。

有價值的投資點子都要靠自己發掘、撥打數十通電話、親自使用相關產品與服務後，才能比其他人更快獲得。若是沒來由得到的訊息，請全部刪除吧，那些只不過是垃圾訊息。

投資時，必須牢記住這番話。

「平白無故輕易獲得的資訊，絕對不珍貴！」

思考一下，在收到好消息前，到底經過多少人，大概數不清吧！因此，必須明白那不是能創造高價值的資訊，而是可能

被某人利用的資訊。

我認為，透過電話或簡訊發送的資訊中，不會有好的投資標的，絕對不要在意那類資訊，廣告資訊更不用說了。就算真的有不錯的標的，視而不見對身心健康會更好，應當要把精神用在真正需要的地方。


## 好的投資機會，在消息傳出前就開始了

無論是事業、不動產或股票哪種領域，都應該努力了解生態的運作，接著就可以仔細研究。

不只是股市，我在餐廳、飯店、健身房和員工或客人交談時，都會全方位思考，努力理解商業模式。與其說是努力，不如說我是個好奇心旺盛的人，所以很喜歡詢問各式各樣的問題。令人驚訝的是，每當我發問時，大家都會回答我的問題。

至今，獲利率最高或讓我穩定獲利的公司，都是靠我自己四處奔波調查的資訊，電視或報紙上輕易得到的資訊幾乎沒能賺錢。

話雖如此，也不需要覺得自己不會收到好消息，自認是倒楣的人。不過，抱持著「好情報或標的不會輕易出現」的想法，就是成功的投資方法。

　　我股票獲利，不是靠公開的資訊。在投資過程中，如果聽到「哪間公司很不錯」或「觀察一下某間公司」之類的話，我通常不會放在心上。就算我平常很看好該公司，若是別人說出那種話，就表示投資機會早已消失了，我會選擇放棄。

　　真正好的投資機會，通常都是在其他人都不知道的情況下，當許多人都開始關注時，就是離開的時機。從我累積到一定程度的經驗與知識，就一直抱持這種心態投資。

　　沒有付出任何努力，是不可能取得好資訊，一定要牢記這一點！

　　我之所以會參加網路上的股票論壇，不是為了取得新情報，而是為了觀察其他人對我挑選的公司有多少程度的關注，以及掌握哪些資訊。假設他們不了解我看好的標的，2～3年後，我的資產就會依照他們漠不關心的程度增加，我會抱持愉快的心情，同時等著大家一致看好的時刻到來。

## 08 別盡信財務分析報告

### 分析員不完全客觀，別照單全收

應該熟悉證券業的生態後，再接觸證券公司提供的分析資料。首先，證券分析員是在公司領薪的上班族，因此他們也一樣希望升遷與加薪。

證券分析員如果想加薪，就需要認真製作分析資料，但最重要的不是自身的競爭力，而是他負責分析的產業，經營狀況必須很好才行。假設負責汽車業，當汽車業的經營狀況良好時，大家都會以正面的角度談論汽車產業，等股價上漲時，該名分析員才有機會加薪。反之，無論個人能力有多優秀，若是產業的經營狀況太差，想投資的人數會降低，分析員反而會被降薪。

所以為了提高自己的身價，讓自己負責的產業與公司受到矚目，比提出好的分析報告更實際。況且，分析許多人都不看好的產業時，有誰會買單呢？

因此，對市面上的分析資料，千萬不能抱持「既然是專家

寫的，應該沒錯！」「畢竟他在這個領域工作很久，應該很清楚吧！」的想法，全盤照收。

不久前，看到分析員原本對某個產業抱持悲觀的看法，但當股價暴漲時，分析員立刻改變立場。畢竟分析員得知行情後，才改變看法，怎麼會可能準確呢？過沒多久，相關產業的股價受挫，該分析員再次放馬後炮，提出悲觀的報告書。

在股市中，經常發生這類情況，還有分析員自己也不敢投資某間公司，但撰寫報告時，卻會考慮與客戶之間的利害關係。舉例來說，在分析報告中，會提到「期待持續成長」、「持之以恆的成長」等內容，只為了顧及與客戶間的關係，或者很可能只是一種形式。假設分析報告指出某支股票「股價低迷」，但當股價上漲時，可能會解釋為「長期被低估」。因此，對這類資料都必須多加留意。

分析員會以自認為合理的本益比，乘上該公司的現有淨利或未來預期的淨利，所得出的數值，來設定目標價，但這時就會發生問題。

但該公司未來的獲利沒人能精準知道，因此會用合理倍數（PER 與 PBR）來計算，但合理的標準是由誰來定、市場是否認同合理倍數等，都有爭議。

不少人在投資時，都不考慮公司的市場影響力、專利、通路、品牌形象等，而是利用淨利或未來兩季預期淨利，乘上自

認為合理的淨利率後，算出合理價與目標價。雖然參考公司近兩季的淨利，可以有某種程度的預測，但超過 2 年的數值是無法預測的。因此，要預測往後幾年的合理價與目標價，是一件極度困難的事。

公司的價值與日後的淨利，主要是由公司的無形價值、品牌認知度、通路、技術、產品設計、行銷等能力共同創造出來的。不過，只憑下一季或兩季的預期淨利要如何算出一家公司的合理股價呢？靠去年的淨利預測明年的淨利，是一件荒謬的行為。


## 不該把焦點只放在營收


企業分析資料應該要根據實際的業績提出買賣的中立意見，但實際上卻是結合了分析員的主觀見解後，設定目標價，結果就會變成公司合理總市值是多少，PER 就從幾倍開始交易。

假設你要收購一家公司，如果按照分析員的方法會怎麼樣呢？目前總市值是 2,000 億韓元（約新台幣 50 億元），以當季業績加上歷年平均成長率為基礎，算出未來合理價是 3,000 億韓元（約新台幣 75 億元），那麼你會以 3,000 億韓元收購嗎？

收購公司時，要抽絲剝繭──檢視內部結構，必須調查目

前的產品競爭力、市占率、未來市占率是否會攀升、是否有致力於開發新產品、是否具備護城河的特質，而且還要搜尋評價等，要調查的事很多。

因此，分析員資料不該把焦點只放在營收，而是該告知以下的內容：

- **公司隸屬之產業現況**
- **公司的產業規模與展望**
- **公司的競爭現況**
- **公司的市場評估**
- **綜合分析投資的價值**

光憑目前的淨利或 5% ～ 10% 的成長率，很難算出未來的淨利，更不用說要提出公司的合理總市值和買賣的意見了。畢竟 1 ～ 2 年後，全球經濟、顧客或競爭對手會怎麼變化都無法精準預料。

舉例來說，如果要收購一家麵包店，光看去年與今年的銷售和利潤就能收購嗎？答案是否定的。首先，要觀察周圍商家的行情，跟房東確認租金是否有可能調漲。還要進行全方位的調查，包含未來人潮是否會增加、商圈有沒有可能會蕭條、商圈人口的所得程度、就算麵包單價高是否賣得出去……。經過

詳細調查後，確定未來營利能高於投資成本時，再收購。

投資股市也一樣，如果只憑公司的財報資料投資是不對的！如果對充滿不確定性財報抱持期待，別說讓資產增值了，甚至可能虧損。


## 秉持接管公司的思維買股

有必要時，為了確認公司的狀況，我會親自出國。如果恰巧我無法出國，則會拜託他人去一趟。如果是國內的公司，無論多遠我都會親自拜訪，也會試用競爭公司的產品，並分析。

有一次，我拜訪某間公司，巧遇韓國首屈一指的企業分析員，但當時他說自己很忙沒時間，所以只索取了年度財務預測，在收到資料後，便離開了。

後來，該公司股價飆漲 10 倍之多，當時那名分析員白白錯失獲利的好機會，雖然不是所有分析員都會做出這種行動，但不少分析員至今只執著於本季實際業績、下一季實際業績、年度財務預測，這也是不爭的事實。

分析股價時，我最不在意的就是當季的利潤，我幾乎不會問，也不會理會。

畢竟只要公司業績佳，利潤自然會增加。事實上，就算詢

問職員，他們多半很難用宏觀的角度分析，只會把心思放在今天該做的工作，無論國際局勢如何、制定何種制度或規定、受惠或利空的話題，他們往往都漠不關心。

親自探訪後發現，幾乎所有公司都有這種情況，因此投資人關係（Investor Relations, IR）的負責人也該多加留意。層級越高，越有具備檢視整體公司、競爭對手、整個產業的眼光；反之，層級低，只會專注於份內的工作，多半不會清楚其他部門的事。

分析公司或瀏覽其他人分析的資料時，當季利潤或年度財務預測不重要，也就是說，日後麵包店的消費者是否會變多、旁邊是否可能會開大型麵包店、總公司替加盟店店長設想的程度，都必須關心，簡單來說，就是秉持接管公司的思維買股。

不該因為一點價差就賣出，要視為自己是要經營公司的收購者，嚴格分析該公司是否值得收購、是不是能傳承給後代。今年預測淨利是 200 億韓元（約新台幣 5 億元），現在總市值是 3,000 億韓元，PER 是 15 倍，比 20 倍的競爭公司更便宜，這種分析方式就無法靠股市致富。反而是 20 倍 PER 的公司具備相對的價值，日後會上升至 30 倍；便宜買進 15 倍 PER 的股價會下跌，PER 也會跌至 13 倍或 10 倍，這類情況比比皆是。

我投資的股票也曾經發生這種情況，若不想經歷這種慘事，最好變更一下投資方式。

# 第 4 章

# 站在收購的角度投資：
## 挑選飆股的原則

我以基本、直覺、簡單的方式評估企業，

投資能成為富人的企業吧！

**利用商圈思維挑選好公司**

## 富人多的地方，創造財富的機會多

瀏覽股市論壇，可以看見許多分析股票的文章，內容通常只著重在 PER、PBR、ROE 等企業的分析，以目前股價算出企業有幾倍利潤、總市值是公司資產的幾倍、公司資本有哪些成分的利潤等。

這類的分析當然還是需要，但終究只是基本的參考值，不是決定投資成果的關鍵。

靠別人有辦法找到還沒人知道的投資機會嗎？舉例來說，假設你家附近蓋了一棟商場大樓，煩惱是不是要買下出租，該先看什麼呢？

如果是我，會先調查周圍的商圈，無論大樓有多棒，停車設施多麼完善，若商圈死氣沉沉，預計沒什麼發展的話，就算買了，也很難找到租客。空屋對房東來說，相當傷腦筋。

相反地，假設有一棟沒停車場且老舊的商場大樓，儘管很破舊，但商圈流動人口很多，發展很有前景，那會怎樣呢？

只要建築物的地理位置佳，就算破舊，也能容易找到租客，還能收取比較貴的租金。當然應該購買這種物件。

不過，換做是股市，情況就稍微不一樣。大家都只把焦點放在建築物，也就是投資時只關注建築物是否先進、設計是否高級、停車設施是否方便、電梯或電動手扶梯設施是否完善。但就算有超高速電梯、方便的手扶梯、大型停車場，如果位於沒人潮的地方，找得到租客嗎？

「人口少、幾乎沒人潮商圈的大樓。」用這種簡短的方式表達，是不是就有感覺？根據我的經驗，要在能讓我成為富人的地區，把商圈分析得很透澈，投資不動產，才能獲得高利潤與高投報率。

股市中，我也會投資前景看好、能成為富人的公司，當公司成為富人時，持有股票的股東當然也會成為富人。

建商、裝修材料、坪數、座向相同的大樓，精華地段和其他地區的房價上漲指數會不一樣。如果用價值投資的觀點來看，條件一樣買下相較便宜的大樓比較好。然而，鄉下和都市不同，鄉下大樓會標榜空氣佳且安靜的優點，都市大樓在這方面未能獲得令人滿意的評價，所以有人才會提出應該要買便宜的鄉下大樓。

那麼，鄉下和都市哪裡的富人比較多？ PER、PBR 等投資指標只是參考條件。投資時，最重要的就是要思考「這間公司

是否具備值得投資的價值」，換句話說，千萬不能只看 PER 需
要幾倍以下，才算是具備投資價值的便宜股。

只有和會成為富人公司和有錢人一起同行，日後自己才有
機會成為富人。

2019 年，科斯達克市場中，從事 5G 市場的公司都成為有
錢人，部分公司則在 2020 年或 2021 年開始成為有錢人。必須
努力找出 2020 年～ 2022 年還有哪些產業、哪些公司可以成為
有錢人，找出的公司如果具備相當好的基本面，也有一定的地
位與認知度，以及一定程度的利潤率，隨著該產業成長，公司
與股東成為有錢人的機率就很高。


## 從日常生活中的細節，培養市場洞察力

由於我平常都會思考與投資相關的事，日常生活中的任何
細節都不會放過。開車時，我會觀察商圈，站在投資的角度觀
察。路上常見的店面就是便利商店，我到鄉下或舊市區時，讓
我驚訝某些位置會有便利商店。

「為什麼會在這種地方開便利商店呢？」

做生意，就該以錢多的顧客為主比較有利，只要理解潛
在顧客的生活模式，事業經營就會更順遂。若為了減少租金成

本，在偏郊地區開店或選擇所得水準低的區域，營收相對就會少，支付店租與薪水時也很緊繃。對所得低的人來說，寧可花10 分鐘的車程也會選擇便宜的大賣場，而不想到附近賣得比較貴的商店購買。畢竟收入低，就算價錢差個 500 韓元（約新台幣 12.5 元）或 1,000 韓元（約新台幣 25 元）也都很在意。

比起所得低且住宅密集的地區，所得高的地區更適合開便利商店，就算大賣場離只有 2 ～ 3 分鐘的車程也不會受到太大的影響。若所得水準高，就算便利商店售價比較貴，也不會為了幾樣商品專程跑去大賣場，這類型的人通常會嫌麻煩。

到餐廳用餐時，我也會思考各式各樣的問題。

「明明廚藝這麼好，為什麼會在這種地方開店呢？就算初期的投資金龐大，如果在人潮多的地方開店，反而可以更快回本和賺更多錢……」

就連平時走路，我也都會習慣進行分析，更何況投資股票，不只專注於公司本身，還會看整體市場，也就是說，我會觀察美國、中國、日本等各國政治因素，甚至考慮領導人的政策與理念。

我會根據這些資訊判斷哪些產業可以投資，哪些產業應該避開。在決定產業後，就可以縮小投資對象的範圍，本益比與股價淨值比（PBR）等指標只能當作參考。

以這種觀點來看，比起全職投資人，會接觸各種人事物的

上班族，和面對多元化顧客的業者來說，說不定有更多機會以不同角度觀看社會。就如同前文提過的，只要沒有被假資訊欺騙，就能和許多人接觸，同時擴增思維的領域與深度。若能養成思考的習慣，可說是錦上添花。

## 隱藏在日常生活中的投資機會

我不會閱讀艱深的股票投資書，也不是靠專業會計、財務知識投資，我之所以能賺到龐大的財富，純粹只是因為我站在一般人的觀點，認真觀察日常生活中發生的事。讓我獲利的，大部分都是日常生活中獲得的點子，我利用這類點子，分析相關產業是否具備大幅成長的潛力，從中找出最合適的公司，因此有了高獲利。

沙塵暴是現在令人困擾的問題，由於我本來就很關注環境問題，因此比一般人更留意，我還會深入追蹤。首先，隨著全世界的生產工廠遷移至中國，提升中國工廠的運轉率。透過新聞或報紙得知，冬天時，中國有許多家庭會使用煤炭。

後來，我發現每當冬去春來，中國境內開始出現強風，視線能見度就會降低。起初，我還以為是霧氣，仔細觀察後才發現是細微粉塵，明明天氣就很晴朗，卻看不清楚周圍的建築

物。在經歷這類的情況，我可以肯定沙塵暴會引發社會問題。

我看到機會，開始尋找會因沙塵暴而成長的產業，我從相關產業中，找到了當時總市值不到 300 億～ 400 億韓元（約新台幣 7.5 億～ 10 億元）的 Clean & Science，這是一間製作空氣清淨機濾網與汽車空氣濾網的公司。

十幾年前，韓國的空氣品質都還很好，因此當時這間公司根本毫無吸引力，不過隨著時代變遷，這間公司的魅力也跟著提升。

以餐廳來說，隨著附近的公司增加，人潮也會提升，光顧的潛在顧客也會變多。

沙塵暴讓濾網公司大幅成長，當時我判斷隨著中國經濟日益成長，沙塵暴會越加劇烈，因此我預測 Clean & Science 的股價會大幅上漲。實際上，這間公司的總市值比我剛接觸時，上漲超過 5 倍，高達 2,000 億韓元（約新台幣 50 億元）。

投資時，應該選擇自己想收購的公司，持有連自己都不想經營的股票，只會造成內心的不安，如果自己感受不到那種動力，其他人應該也一樣。就算買進那種公司的股票，不會上漲的機率也比較高。

買股時，抱持稍微上漲就獲利了結的心態，只會追求明牌和充滿不確定性的消息，或是只看線圖、低 PER、財經台名嘴的指標投資，是無法成為富人的。

如果管理階層的持股比例高，就表示目前是富人公司，往後也可能創造更大的財富的，再從中找出自己想收購的公司，就不會發生嚴重虧損或內心煎熬的事。

請不要單純抱持買賣的概念投資股票，多用點心關注世界發生的事，從中找出可能會成長的產業，接著尋找該產業中值得投資的公司。以這樣的方式投資，一定會體驗到前所未有的安定感與不凡的投報率。

## 02 再好的雨傘，
晴天也派不上用場

## 產業景氣不好，好企業也會暴跌

投資前，我最先考慮的，不是類股、價值低估股或指標好壞。我再次強調一次，重要的是應該要先找出產業，也就是先找到前景看好的產業，最好是往後幾年具有引領潮流的產業，等篩選好產業再挑股也無妨。

簡單來說，我的股市哲學是，「該公司是不是確定會成長的產業呢？」

投資前，我會先找出此問題的答案，這是必備的條件，即使具備亮眼的財報、優秀的經營團隊、好的產品與服務，若不是成長產業的公司，就毫無投資價值可言。講難聽一點，就是不該投資，也不是我會感興趣的公司。另外，就算基本面與商業模式很棒，如果不屬於成長產業，對我來說，就是沒有投資價值。

我曾經採用「由下而上」（Bottom-up），是一種先觀察

公司的投資策略，雖然此方法至今還是許多人使用，不過通常在分析公司的過程中，也可能無法看清全局，只執著於某間公司。就算公司的體質不錯，但產業景氣可能很糟，因此會出現只注重於公司的魅力，忽視市場環境的影響。

若在那種情況下投資，只能傻傻等到該產業的景氣再次好轉，或研發新產品、開拓新市場。沒人知道會等到何時，甚至連大股東或業主都不清楚。

此時，無論願不願意，股票可能會被套牢 1 年、2 年，甚至 3 年。過去，我也沒研究公司的產業景氣，只因沉浸在好公司而導致虧損。

2019 年，5G 相關類股大幅上漲，但我在 2018 年下半季就關注 5G 議題了，由於電信公司不會受到貿易戰或全球景氣低迷的影響，當時我認為往後數年，大部分資金都會投入 5G，而智慧型手機製造公司會因 5G 手機普及化後，獲利也會跟著提升。另外，當好用的 5G 手機上市後，消費者也只會選擇 5G 手機，這是未來市場的趨勢。如果韓國成為世界第一個開通 5G 的國家，就更受到市場矚目。

在此不會談到是哪些股票，只會從大架構中觀察全球趨勢、發生什麼事、哪類產業會興起，投資若是想獲得好成果，不是觀察個股，而是先觀察產業。

產業漸入佳境的相關公司，都會隨著產業發展一起成長，

進而影響股價。富人公司都是誕生於富人產業，當公司成為富人時，股東們當然也會變有錢。

如果先看公司，就會被特定的公司吸引，而忽視產業與市場趨勢。雖然有投資人會說：「我不會那樣！」「我不是那種人！」但很難避免失誤。

若分析的公司看起來不錯，就算不是成長產業，也會抱持「該產業會不會有機會成長呢？可能有機會吧？」之類的想法，最終自我合理化把「該公司歸類為成長產業」。成長產業不是我們自己決定的，而是取決於世界與市場，我們只要跟著趨勢就行了。

舉例來說，韓國綜合股價指數（KOSPI）持股權重第二，同時具備國際技術競爭力 SK 海力士半導體公司，若半導體產業景氣蕭條，無論該公司是否具備競爭力，股價都會暴跌。股價下跌的原因不是 SK 海力士的競爭力變差，而是半導體產業不景氣、記憶體價格降低或供過於求的關係。產業景氣變差時，公司會受到影響，股價也跟著下跌。


## 瞄準企業與產業、以及伴隨的協同效應

如果沒有下雨，就算雨傘再堅固與漂亮，也很難賣出去。

反之，若經常下雨，就算雨傘不耐用且設計差，也會賣得很好。結論就是，影響雨傘銷量的不是雨傘本身，而是取決於「是否會降雨」。

重要的是下雨，如果降雨預報準確，只要投資優質雨傘的公司即可。天氣指的就是「產業」，天氣好時，就算防晒乳液功效差，防晒乳液的整體銷量還是會提升；下雨時，就算雨傘品質差，雨傘也會大量賣出，製傘公司的狀況就會好轉，股價相對會上漲。

前文提過，只挑 PER 低且資產價值佳的龍頭股，但該產業整體經濟差會如何呢？第一對競爭力是否又有意義呢？舉例來說，就算龍頭公司，整體產業規模若是 500 億韓元（約新台幣 1.2 億元），銷售最多只會停留在 300 億～ 400 億韓元（約新台幣 7.5 億～ 10 億元）的水準。

相反地，市場規模雖然小，但每年都大幅成長呢？就算目前營業額 100 億韓元，但隨著市場壯大，公司營業額持續增加至 150 億韓元（約新台幣 3.75 億元）、200 億韓元（約新台幣 5 億元）、300 億韓元，我們該投資哪一間公司呢？雖然目前營業額規模小於 300 億～ 400 億韓元，當然該投資會持續成長的產業。

低 PER、PBR 看似是價值低估股，但由於公司利潤停滯，無法繼續成長，因此計算出的本益比相對偏低。具備投資價值

的低 PER 股票是，股價沒漲，但利潤增加。

此時，需要注意的是，市場上有些公司當下的財報與業績雖然普普，卻宣稱往後會有驚人的發展，使用甜言蜜語誘惑投資人。

那種公司值得信賴嗎？通常班上名列前茅的學生可能會獲得全校第一，而班上成績中等的學生如果說：「這次考試我會考得很好，儘管相信我吧！」那麼下次考取全校第一的機率有多少？

換作是我，我會投資班上第一的同學，就算該名同學不幸感冒或狀況不佳，導致最近成績都不太理想，成功的機率依舊高於成績中等且只靠考運的學生。成績本來很優異的學生，在下次考試也獲得好成績的機率比較高，擅長得分的選手在下場比賽得分的機率也比較高。

股市也一樣，若找到成長的產業，就該投資至今實際業績都很優秀的公司。

## 03 投資以大眾為主的公司

### 智慧型手機的市場肯定大於觸控面板

之所以該關注日常生活或科技變化，是因為當中隱藏著投資機會。舉例來說，假設某間公司製造的最新設備能有效處理讓全球都傷腦筋的垃圾，那會怎樣呢？該投資這間公司嗎？還是該買進採用該設備以大眾為主的公司？

無論是站在投資人或事業的觀點，比起製造該設備的公司，投資以消費者為主的 B2C* 公司會更好，如果不是 B2C，以企業為主的 B2B** 也不錯。

當我們決定投資市場時，應該投資以許多消費者為主的公司，這樣才能和該公司一起創造財富。前文提過，廢棄物處理業者 Koentec 就是具代表性的公司。

當有公司研發最新的技術時，要觀察的是，有哪些公司能

---

\* Business to Customer，廠商直接賣東西給消費者。
\*\* Business To Business，一家企業販售商品或服務給另一家企業。

運用該公司產品創造出更龐大財富。製造新技術裝備的公司，若無法繼續創新，隨時都可能被競爭對手超越。

如果該公司銷售裝備的對象是以垃圾處理相關業者為主，那就更糟糕，由於廢棄物處理產業需要取得政府許可，業者數量不多，因此客群有限，顧客數量很少。但如果投資以個人或企業為主的業者，就能從中獲利。

我們每天接觸的觸控面板也一樣。

觸控面板剛上市時，面板研發公司的股價都很不錯，但現在有好幾間公司都倒閉、下市或被收購，生存下來的公司也只能勉強維持。

相反地，觸控面板卻讓智慧型手機暢銷，販售智慧型手機與手機殼的公司也持續獲得龐大的利潤，觸控面板產品的普及讓非研發技術的公司受惠。

二十多年前，技術研發公司深受矚目且投資的人相當多，不過隨著模仿技術越來越厲害，加上競爭公司不斷出現，只靠新技術維持市場影響力的時間變短了。

在這種共享專利且技術日新月異的時代，比起研發新技術的業者，應該更要關注依賴新技術的公司，因為這些公司是以全世界的顧客為對象，所以能創造更大財富。

時代已經改變，思維需要與時俱進。

## 04 經營者持股未達 30%，看都別看

## 最低程度的安全邊際

假設有名員工負責公司的某項業務，有什麼方法可以讓他充分發揮能力？是依照業績發放獎金與升遷，還是就算表現優秀也沒有任何回饋？當然是前者！況且如果員工不管多麼努力都無法升遷，大概就不會想努力吧。

保障員工的績效獎金與升遷，如同獲得公司的股份。反之，若沒有績效獎金與升遷機會，就代表公司成長時，員工完全沒機會分一杯羹。

管理者也是一樣，當管理成果優秀、公司成長且股價上漲時，總市值就會上升。此時，持股少與持股多的人，表現也會明顯不同。對公司更具責任感、更關注與專心的人當然就是持股多的人。對上市公司的管理者來說，比起年薪，公司股價上漲，讓自己持股價值提升時，能獲得更多利益。因此，我想強調：

　　管理者的持股比例未滿 30％的公司，請不要搜尋，不要關注，也不要理會。

　　管理者的持股比例應該超過 30％的理由，就在於這個數字攸關經營權與決策權。

　　以上市公司來說，管理者持股比例要超過 30％才會容易維持經營權，以及針對公司的主要經營進行決策。行使表決權時，通常參加股東大會的持股比例要超過一半，才能確保過半數的表決，但一般來說，持股比例 70％以上參加股東大會的情況很少見。

　　因此，30％的持股比例能確保票數過半，依照自己想要的方式經營。外部也難以惡意併購，幾乎不會有不正當的收購程序、購買內部股或從外部施壓威脅經營權的情況。此時，管理者會有「是自家公司」的安定感，進而獲得努力工作的動機。

　　相反地，持股未滿 20％的管理者很難覺得「這是我的公司」，實質上的管理也會受到限制，因此管理者很難對公司付出更多心力，結論就是，愛公司的程度會隨著持股比例而增減。

　　持股 10％的管理者會賭上一切把人生奉獻給公司嗎？或會為了公司付出努力嗎？我認為，很困難。況且如果真的很喜歡公司，大概不會容許自己只有 10％的持股吧。

確定公司往後會大幅成長，而且熱愛公司的話，正常來說，管理者應該會為了維持持股或增加持股而竭盡所能。若持股太少，可能意味著管理者不看好公司的未來，也不期待往後的發展，否則經營權還會受到最大股東左右。

## 持股率，代表管理者的責任感

2019 年，5G 相關產業飆漲最多的公司，檢視其管理者持股比例。

2018 年 11 月，根據調查的 5G 相關類股顯示，各企業管理者持股率如下：DASAN Networks 是 2.8％，Acetech 是 7.86％，OE Solutions 是 19.74 ％（2020 年 3 月 9 日是 7.79 ％），KMW 是 31 ％，Seojin System 是 32 ％；而 Ubiquoss Holdings 是 50％（2020 年 3 年 9 日是 47.17％），這家公司管理者持股明顯和前面的公司有落差。

經營者持股 10％與 50％的公司，他們的心態會有什麼不同呢？哪間公司的管理者會更熱愛與更關心公司呢？當然是持股 50％的管理者！就算沒親自見到公司的管理者，不了解他們的人生觀與事業觀，透過持股比例就能知道很多事。

但也有最大股東與管理者（執行長）不同的情況，如果是

從外部聘請專業管理者時，可能就不會持有任何股票，不過我個人偏好最大股東就是執行長的公司，因為他會以創業者的身分充分理解企業與整體事業，依照持股比例付出心力。

反之，專業管理者會以每季或會計年度為基準評估實際績效，比起長期的展望，可能會更執著於短期的成果。由於經營成果若不佳，2～3 年契約結束後就必須離職，因此對公司沒有強烈情感的機率很高。基於這一點，我盡可能會投資最大股東就是管理者的公司。

另外，考量大股東的持股率時，我不看好法人持有的部分，因為我認為這就和沒有主人一樣。我只認同以個人名義的持股，個人持股越多，為事業成長付出努力的可能性越高。

如果管理者以個人名義多數持股，就不需要刻意研究太多事，因為大股東一定會努力防止對公司或股價有負面影響的活動，私生活也會自我約束，避免被他人說閒話。持股率高，就會在意公司的成長與股價，那麼股票配息率自然也會變高。分析公司時，管理者的持股率是重要的投資關鍵。

請檢視自己投資的股票，若公司管理者持股率未滿 20%，應該好好重新考慮，雖然合理的持股率沒有正確答案，但越高越好，就是我心目中的「好答案」。

# 05 靠觀察簡單預測業績

## 市場比證券公司的報告更快

股市中，沒有人可以精準預測公司的實際營收，也沒有分析工具能辦得到。許多產業各有差異，經常發生預測值與實際營收有落差的情況。在經歷多次這類的狀況後，我領悟到，比起努力猜測下次的未知營收，投資公司的背景（成長模式）更重要。

南韓太陽能多晶矽製造商 OCI（原東洋製鐵化學）一開始的股價是約 5 萬韓元（約新台幣 1,250 元），不到 1 年的時間，該公司的股價飆漲至 60 萬韓元（約新台幣 1.5 萬元）。當時，證券公司設定的目標價，2～3 週會從 5 萬韓元漲至 6 萬韓元（約新台幣 1,500 元），一個月漲至 8 萬～9 萬韓元（約新台幣 2,000～2,250 元），兩個月後漲至 10 萬～15 萬韓元（約新台幣 2,500～3,750 元）。是因為公司基本面急遽改變的關係，讓目標價每次都飆漲 1.5 倍嗎？基於好奇，我瀏覽了當時韓國所有證券公司針對 OCI 所做的分析資料，當股價創新高飆漲到 60 萬韓元時，某大型證券公司還提出目標價會接近 100 萬韓元。

　　分析員比較目標價、當季實際營收和下一季的實際營收，令人訝異的是，兩個月後的預測與實際營收有天壤之別。當時證券公司的資料，沒有任何一份報告可以精準預測，不只有 OCI 是這種情況。

　　過去，沃爾瑪（Walmart）或家樂福（Carrefour）等大賣場進駐韓國時，民眾更常去韓國新世界集團經營的 E-Mart，因此認為「新世界的股票會上漲」的人比證券公司的分析資料更精準，也有高獲利。這就和認為沙塵暴變嚴重，空氣清淨機銷量會增加的道理一樣。

　　像這樣觀察公司實際營收投資的方式，比參考證券公司的預測資料更精準，就算證券公司的預測精準，早在資料公開前，許多人都知道的機率很高。如果認為只有自己和分析員知道，那未免也太天真。

　　因此，我不相信證券公司的分析資料，就算偶爾有機會瀏覽，但我還是不認為其中有投資機會。

　　投資股票時，關鍵是要尋找實際營收會增加的公司，如果能預測公司實際營收相較去年同期增加 30%、50%，就能輕易獲利。不過，如果短期數個月內，或許公司相關人員有辦法預測，但如果是遙遠的未來，大概很難預測。由於無法知道顧客對商品與服務的評價和實際的銷售狀況，所以才需要觀察該公司的成長模式。

## 成長模式能簡單描述，就適合投資

可以輕鬆檢視公司背景，具備好營收的機率很高，獲利的機率也很高。如果平常能多關注周圍的資訊，就能輕易看出端倪。換言之，要培養檢視公司背景的眼光並不難。

問題在於，像是部分生技股、不容易接觸產品的 B2B 公司、造船廠零件公司等，一般人很難看出公司背景。這時，該怎麼辦呢？其實很簡單！

**如果是陌生領域或難以確認成長模式的公司，就不要投資！我絕對不會投資這類的公司。**

我們不是非得要調查所有的公司，不清楚或難以調查的公司就忽略吧！不需要有「非投資這間公司不可」的強迫觀念。就算只投資好球帶的公司也無訪，而且只要是好球帶，不管是外側、中央或近身的位置都無所謂。

我不會投資看不見、無法掌握的公司，可說是從根源防止未知風險的智慧，當然沒投資的領域或許會出現飆股，但不需要感到可惜，就視為不屬於自己的，停止任何關注吧。

我再次強調，許多人投資股票會虧損，是因為投資時沒先想到要守住本金，或是想一夕致富或賺大錢。若不努力守住本金，很難靠股票成為富人。

　　我之所以不會投資無法掌握的公司，是基於守住本金的投資原則，如果擔心可能會錯過大幅成長的公司而亂槍打鳥，獲利的機率不僅不會變高，反而會失誤或發生問題。結論就是，這種投資方式虧損的機率會變高。我認為，預期營收和成長模式能輕易描述的公司就適合投資，越容易是越棒的公司，獲利也最好。

　　近年來，沙塵暴在韓國成為社會議題，不過我卻能把股票和沙塵暴聯想在一起，從中獲利，因為當時我可以簡單描述成長模式。

　　「因為沙塵暴日益劇烈，空氣清淨機的需求應該會驟增，濾網公司與空氣清淨機公司的銷量也會因此攀升吧。」

　　我不只描述而已，我還親自拜訪相關公司，確認產線。另外，我還和空氣清淨機的業務員交談，弄清楚銷售方向，甚至購買不同品牌的空氣清淨機實際使用和比較。經過這樣的努力，我的投資最終獲利滿滿。

　　以這種方式觀察社會現象，接著描述成長模式，預測產業相關公司的實際營收是否會成長。也就是說，投資股市想獲利，就要懂得解讀市場大趨勢。若只糾結眼前的小利益，就會錯失良機，反而還賠掉珍貴的資產。

　　千萬別想得太複雜，股市不像難解的數學，只要把眼光放長遠，公司的成長模式則要能單純描述。

 **如何找出會賺錢的公司？**

## 公司會成為富人的三大必備條件

多數人投資股市的目的是「為了賺錢」，等股價上漲賺取利潤，很少人會覺得自己是提供資金給企業，讓公司創造就業機會，活絡經濟。

投資股票的方法非常多元，例如：基本面、技術面、籌碼面、消息面或綜合，究竟用哪種方法投資股票會比較好呢？說不定靠直覺，是一般投資人最常使用的方法。

過去，我也曾經尋尋覓覓投資的標準答案，找了各種方法，包括閱讀投資書籍、瀏覽股市論壇、運用財經節目專家提供的方法、「動能投資法」（Momentum）*、「菸蒂投資法」、使用程式交易的量化投資等，一般人知道的方法與途徑，我都嘗試過。

現在，我累積了許多實務經驗，但前述提到的投資法，沒

---

* 又稱順勢投資，指投資人在投資股票時採取追高殺低法。

有一項可以讓我財務自由，在繳了許多「學費」與不斷經歷失誤後，我設定了簡單與直觀的選股標準。

**投資未來會成為富人的公司吧！**

你可能會說，這未免也太簡單了？雖然簡單且容易，但效果卻非常強大！這段期間讓我獲利的股票都具備此標準。尋找未來會成為富人的公司，方法同樣很簡單，只要符合三項條件就行了：

1. 是否屬於會成長的產業？
2. 管理者的持股是否超過 30%？
3. 商業模式是否能持續賺錢？

關鍵就是產業的成長潛力，必須先找出會成長的產業，不只要成長，還要景氣展望好。

回顧韓國的股市，營造、金融、網路、造船、美妝、半導體等產業，都曾高度成長，景氣繁榮，這類產業的許多企業都成為富人公司，股價也大幅飆漲。

挑對產業才能輕鬆找到會成為富人的公司，如果一家公司所屬的產業景氣不好，就算公司經營得不錯，但敵不過市場，

資產價值終究會下跌。曾經大賺且資產價值高的造船股與美妝股公司，隨著產業景氣變差，相關類股都紛紛暴跌與虧損。

接著，要觀察該公司管理者的思維、人生觀和持股率，並檢查商業模式，了解公司是否能持續創造現金流量。簡單來說，就是把焦點放在公司是否能繼續賺錢，這樣就不會迷失在特定的指標，或是只挑技術線圖好看的股票。

## 只要掌握最關鍵的核心

為了讓你更容易理解，我試著以足球做比喻！假設我們是足球隊的教練，球隊若想獲得好成績，需要具備什麼條件呢？好的練習場地？選手運動後能消除疲勞的設施嗎？製作營養價值高的好廚師嗎？優渥的年薪或堅強的陣容呢？這些都是必備的條件，也是利多於弊的因素。

其實，真正需要的是擅長射門得分的選手，對教練來說，會得分的選手最重要，就算選手的興趣是玩遊戲或喝酒，只要比賽時能多得分，讓隊伍獲勝就夠了。

如果選手個性好、懂得尊重前輩、照顧晚輩，加上練習球場設施佳、餐點豐盛、教練年薪高、選手陣容堅強，當然更棒，但先撇除這些，關鍵在於，是否有擅於得分的選手。

就算選手守備優秀，沒有失分，但沒得分就無法獲勝，反倒是只要比敵隊多得分就能獲勝。

不過，許多投資人都先觀察無關緊要的因素，例如：選手的私生活、擔心練習球場離宿舍太遠、餐點不夠豐盛、選手與教練的年薪太低……。

如果能具備各種好的條件當然最棒，不過真正的目標是，獲得第一或優勝，因此最關鍵的條件是，挑到得分多的選手。

如果套用在股市的話，重點就是要追究「我投資的公司日後是否能變更有錢」，各種投資法的目標也是找出未來能賺錢的公司，只不過重視的面向不同。


## 對資金動向要有敏銳度

我重視的是「公司資金的動向」，如果要從集團旗下的企業，選擇一家公司投資，該觀察哪些部分呢？可以從毛利率、營運內容、成長性、集團內的地位等多項觀點判斷。

我會先觀察大股東的持股率，因為大股東的利害關係最有影響，整個集團大部分的利潤都會流入大股東的手中。集團總裁兼最大股東最重視的，應該會是投入最多資金的旗下公司。為了對集團的資金動向具有敏銳度，需要練習站在最大股東兼

管理者的立場思考。

要投資集團旗下的哪間公司不重要,重要的是,隨著集團逐漸壯大,哪家公司會扮演重要角色,還能掌握龐大的資金。

## 看清產業,才能看見富人公司

若我挑選的公司未來非常賺錢,該公司的負責人、員工、股東都會因此而變幸福。

**請找出過去是富人,現在與日後也都會是富人的公司吧!**

這是我選股時最重要的投資關鍵,公司日益茁壯,股價也會跟著飆升,不需要受到微不足道的條件影響。

請以簡單與直觀的方式思考,如果想得太複雜,反而會阻礙好投資,當然合理的懷疑是必要的。就算是自己看好的股票,但如同達里歐所說,我們的想法也可能會有錯,因此質疑或害怕是不可或缺的。

也就是,利用自己的悲觀思維、可能的失誤,採取避險的措施。

我的投資重點是,把失敗或不如意的情況銘記在心,選擇

有保障的公司，這樣才能抑制股價下跌，還能透過其他因素讓股價上漲。

　　找到未來可能成為富人的公司後，請以批判的角度找出是否存在風險。無論是巴菲特說的「要守住本金」、達里歐主張「抱持可能會失誤的恐懼」或是我的投資觀「投資攸關家人的生死」，都是一樣的道理。

#  07 「十倍股」企業有哪些共通點？

## 十倍股企業具有爆發力的原因

接著，要來談我投資十倍獲利的公司，這些都是我親自使用產品、高度關注與分析的公司，也就是我實際付出努力，累積各種經驗投資的公司。

隨著汽車上電氣設備越來越多，還有 iPad、智慧型手機等攜帶型設備日益俱增，2014 年，我預測「積層陶瓷電容器」（Multi-Layer Ceramic Capacitor, MLCC）*的需求會暴增，所以我分析了生產 MLCC 的上市公司「三和電容有限公司」（Samwha Capacitors Co. Ltd.）。

---

* 由平行的陶瓷材料和電極材料層疊而成，有耐高電壓和高熱、體積小、電容量大、損失率低、適合大量生產、價格低廉及穩定性高等優點，常運用在筆電、手機、GPS、消費性電子產品。

## 三和電容有限公司月的 K 線圖

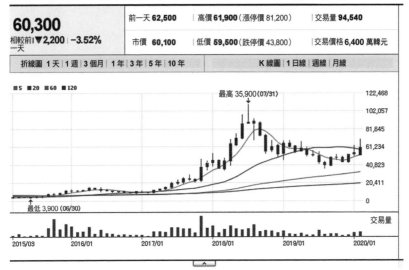

三和電容有限公司 韓國綜合股價指數（KOSPI） 2020.02.28 09:51 基準（盤中）即時 企業概要▼

| 60,300 | 前一天 62,500 | 高價 61,900（漲停價 81,200） | 交易量 94,540 |
| 相較前一天 ▼2,200 -3.52% | 市價 60,100 | 低價 59,500（跌停價 43,800） | 交易價格 6,400 萬韓元 |

當時三和電容的股價約 6,000 韓元（約新台幣 150 元）。我分析後，認為這間公司具備潛力，於是我便要求公司讓我參訪，但公司人員回應我無法參訪，如果有任何疑問可透過電話，因此我和負責人聊了一個多小時。在結束通話後，我的感想如下：

「這間公司 3 年後，應該會有爆發性的成長。」

一般來說，我都會設定 2 ～ 3 年的投資時間。我和那家公司講完電話，過了 2 ～ 3 年，股價就開始飆漲，不到 18 個月的時間就飆漲超過 10 倍，變成了十倍股企業。

　　我開始關注且投資濾網公司 Clean & Science 時，總市值是
300 億韓元（約新台幣 7.5 億元）。不久前，總市值飆漲至約
2,000 億韓元（約新台幣 50 億元）。

## Clean & Science 的月 K 線圖

　　2018 年下半季，我跟友人說：「2019 年開始，5G 相關公
司會大幅飆漲，必須趁還沒引起關注前投資。」雖然我也在股
市論壇與部落格發文，但許多人都不認同。

　　那實際上是怎樣呢？ 2019 年，撇除生技股，韓國股市漲
幅最高的領域就是 5G 相關產業公司，平均漲幅都超過 100％。

主要運用在家電產品的 MLCC 元件，也廣泛運用在汽車上，因此 MLCC 的需求跟著大幅提升，當時大型股三星電器、中小型股三和電容都有受益。另外，主要運用在汽車濾網的材料，因為中國沙塵暴造成的環境變化，讓中型股空氣清淨機公司 WINIX 與小型股濾網公司 Clean & Science 因此受惠。2019 年，5G 掀起話題，相關產業公司 OE Solutions、KMW 等皆大幅成長。

在一個領域長期磨練技術的公司，人力與設備都相對穩定，當產業進入繁榮時期，訂單會增加，因而能立刻受惠。此時，公司獲利的程度會隨著產業的成長幅度而不同，有飆漲100%～200%的股票，也有飆漲 10 倍的十倍股。

十倍股企業的共通點如下：

- 屬於大幅成長的產業。
- 在所屬領域的技術力或市占率，占前兩名。
- 在同個領域深耕數十年，具備基礎建設，能迅速應對市場變化。

十倍股企業，通常在相關產業只發展同類產品，具備優秀人力與基礎設施等條件的「隱形冠軍」，會隨著上游產業規模壯大而受惠。換句話說，不是該公司自己創造亮眼表現，而獲得成長。

# 具有成長潛力的股票

　　就算不是十倍股企業，還是有其他趨勢不錯，深具成長潛力的公司。廢棄物處理業者 Koentec 是其中之一。韓國正面臨垃圾氾濫，卻無處可掩埋的情況，Koentec 的收益因此暴增 40％，成為最大的受惠者，我相信日後也一定會持續獲利。這也是我之所以要持續關注 Koentec 的理由，這間公司過去已經是富人，日後變更有錢的機率相當高，因此股價也會持續飆漲。

## Koentec 的月 K 線圖

衛星天線公司 Intelliantech 在韓國是國際級公司，主要生產接收衛星電波的天線，因為技術能力非常優秀，在全世界屈指可數。換句話說，和這家公司一樣優秀的公司少之又少，足以壟斷與獨占市場。

## Intelliantech 的月 K 線圖

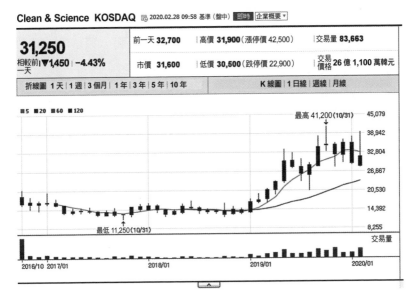

Koentec 與 Intelliantech 的共通點就是，過去是業界第一，財務狀況良好，未來的展望也看好，因此成為富人公司的機率很高。如果投資過去與現在都是富人的公司，往後會變更有錢，那麼公司的股東當然也能成為富人。

　　就算這些公司不是十倍股企業，但只要具備這些共通點與優點，更重要的是，擁有壟斷與獨占的地位，並非分散資本多元化經營數個事業，而是數十年都只深耕同個領域。若公司如同匠人，在自身的領域更容易獲得認同且占有一席之地，當相關產業景氣繁榮時，就會有驚人的成長，股價也會飆漲。

　　上市公司中，相當多公司進行多元化經營，當 AI 產業看似有潛力時，就會設置 AI 研發部門；當看好區塊鏈領域時，又成立區塊鏈的相關事業。站在投資人的立場，只依照市場狀況而不斷發展多項事業，應該多小心這類公司。

　　只要注意這一點，就能分辨哪些股票可以買進，哪些股票應該避開。若已有持股，可以思考該公司所屬的類型，應該有助於提升投資績效。

# 第 5 章

# 分析前，
# 先讀懂市場玄機：
# 十倍獲利法

不要執著於「何時」！
看清楚發生「什麼」事！

# 01 不要看股價，而是要看市值

## 回本時間，越短越好

前文提過，我投資的標準是「會成為富人的公司」。我想強調的是，無論何種情況，目標都必須明確。

**選擇會成為富人的公司吧！**

我最討厭發生下列情況的公司，目前營收赤字，財務狀況也不樂觀，但一直對外宣稱「只要研發技術、只要取得專利、新藥若是成功、如果進入三期臨床試驗」，不斷長篇大論「如果……的話」，投資人就容易被看似樂觀的前景迷惑。

必須小心這類公司，可以投資的對象是，從過去至今都是富人，往後也會變更有錢的公司。當找到適合投資的公司時，許多人會開始思考買賣的時機，目前的股價是否合理；如果技術線圖顯示股價漲太多，又會考慮是否該買進，有很多考量。

不過，我會先忽略技術線圖的走勢或指標，而是觀察該公

司目前的事業內容與未來的業績展望，並分析目前的總市值，日後是否能獲利賣出。不該把股票視為買賣的對象，而是秉持購買整間公司的概念，也就是以收購的角度觀察。

觀察後，若沒讓人想花錢收購的公司，無論公司提出多好的財報，券商有多棒的分析資料，都不該關心。只需要把焦點放在有收購價值的公司，當發現這樣的公司時，就該研究以目前總市值為基準，收購是否合理。

此時，可以運用該公司總市值除以營運現金流，就能知道1年內的營業現金流多久回本。

舉例來說，假設某公司總市值 2,000 億韓元（約新台幣50 億元），1 年的營業現金流是 300 億韓元（約新台幣 7.5 萬元），如果我以 2,000 億韓元收購，依照營業現金流計算，約7 年就能回收投資本金 2,000 億韓元。之後的 300 億韓元就會是我的錢，此時投資本金回收時間越短，就越便宜，這是我個人的判斷。

投資回本時間 5 年勝過 7 年、3 年勝過 5 年不是嗎？回本時間若想縮短，創造營業現金流的能力就必須非常棒，或總市值必須非常便宜。如此一來，就能越快安全回本。

希望你投資時能套用前述內容，相信就能算出目前的持股還能持有多久，也能算出目前股價是便宜還是昂貴。

假設目前投資的公司總市值是 1 兆韓元，營業現金流是

300 億韓元，回本時間高達 30 年！我絕對不會投資，我個人偏愛 5 年左右的投資時間，若超過 10 年我就不會投資。當然這沒有正確答案，5 年只是我個人的標準，並非答案。我的標準也會依照公司狀況或業績等因素而稍微改變。

偶爾會遇到股價飆漲時，雖然每個人對「飆漲」的定義不同，舉例來說，假設一家公司的總市值是 1,000 億韓元（約新台幣 25 億元），近 2 ～ 3 個月漲了 50％，那總市值就會到 1,500 億韓元（約新台幣 37.5 億元）。

如果該公司的營業現金流 1 年是 300 億韓元，就算漲 50％，回本的時間是 5 年。希望你能思考：「我投資總市值 1,500 億韓元的公司，隔年開始有 300 億韓元的營業現金流，真的能在 5 年內就回本嗎？」

如果 5 年內沒虧本，算是不幸中的大幸，不要因為股價變動而殺進殺出，買股應該以傳承給後代的角度，或日後能以更高的價格賣出。

## 不要看淨利，要看營業現金流

不能從技術線圖判斷股價，相對高點時下跌就認為是便宜，或相對低點時上漲就認為是昂貴。應該根據目前的總市值

判斷「我以目前的總市值收購這間公司是否合理」，此時分析昂貴或便宜的方法相當多元，但不要只看淨利，而是要以營業現金流的規模評估企業價值才安全。

財報上的淨利，只能看出之前的利潤，還有負債、折舊等因素，因此難以精準評估真正的利潤。觀察明明有盈餘卻倒閉的公司，可以發現一件事，相當多公司的財報顯示，現金流有盈餘，但連續數年的營業現金流都是負數。因此各公司發表的年度財報，我只當作參考，我更重視的是營業現金流。

舉例來說，現在有一間總市值 2,000 億韓元的公司，營業現金流是 500 億韓元（約新台幣 12.5 億元），就算股價在短期內飆漲 100％，我也會投資。若飆漲 100％，總市值就等於 4,000 億韓元（約新台幣 100 億元），加上 1 年能創造 500 億韓元的現金流，累積龐大資產的機會很高。如果真是如此，站在收購的觀點，這家公司充分具備投資的價值。

以總市價 4,000 億韓元收購，8 年就能回本，隔年開始累積 500 億韓元，如果不動產與現金資產高於負債，會更加分。

相當多上市公司都公開發表有獲利，但現金流量表卻一團亂，應該避開這類公司，也是投資人必須時時注意的事項。首先，要以總市值判斷公司的現金流、資產價值是便宜還是昂貴，再觀察前景是否樂觀，這樣才能算是好的投資標的。

透過總市值與現金流的關係，可判斷股價是否合理。請不

要在意「技術線圖顯示短期已上漲很多或下跌很多，因此股價
算便宜」這類的話術，通常跌幅大一定有原因。我認為，因為
公司存在變差的原因，因此股價才會下跌，這種情況就不是便
宜，而是要避開。

## 02　最好的時機，
## 　　就是市場發生變化時

### 把焦點放在「什麼」，而不是「何時」

許多人在投資股市會發生的問題，大致上都只著重在時間點（When）。

「所以股價何時會上漲？」

「是什麼時候是好時機呢？」

「該什麼時候買呢？」

反之，我個人則專注於「什麼」（what）。

- 產業發生什麼事？
- 公司發生什麼事？
- 發生那件事後，對公司會有什麼正面影響？

為了協助你理解我的意思，我會試著以日常生活的沙塵暴為例。

　　Clean & Science 主要生產汽車的廉價濾網，隨著沙塵暴的衍生出社會問題日趨嚴重，Clean & Science 空氣清淨機的需求也大幅提升，而空氣清淨機中的濾網銷售也開始遽增，儘管增設產線，但還是發生了「短缺」的現象。

　　在線上股市論壇中，有人會說：「沙塵暴快來了，今年秋天到明年春天都會有沙塵暴。」還附加一句：「我建議各位可以多關注空氣清淨機公司與濾網公司，並開始買進！」這類文章充其量只是慫恿人買股的出貨文，就是趁股價上漲前先買進，等沙塵暴變成議題時賣出。

　　Clean & Science 不是因為沙塵暴才開始研發空氣清淨機濾網，本來就是一間專門只生產濾網的公司，當沙塵暴造成社會環境變化，原本在濾網領域非常熟悉的公司，就等於掌握了好機會。

　　當時，我採取的方法如下：

　　首先，我撥打電話聯絡該公司，針對工廠運轉率、競爭公司、生產層面的困難、未來展望等方面提出了疑問。後來，我還造訪位於其他地區的工廠，還帶了點心與香菸給員工，同時談論了公司的文化與經營狀況。

　　如果我沒關注這類的變化，而是把焦點放在「何時」（When），當 Clean & Science 這類的公司發生「某件事」（What）時，我反而會錯失好的投資機會。就算偶然知道了投

資機會，也無法掌握變化的趨勢，只會把焦點放在何時，無法
高獲利的可能性很大。

## 該關注的是議題，而非時間點

若想掌握機會，就該事先做好準備，投資公司也是如此。

2019 年，搭上飆漲列車的 5G 類股公司 OE Solutions 之前
就是在生產光纖收發器，因為缺乏大客戶與全球市占率不足，
這間公司未能大放異彩。

後來隨著 5G 的發展，大幅提升全球市占率，公司的實際
營收快速增加，OE Solutions 的股價也跟著飆漲。

站在 OE Solutions 的立場，隨著 5G 市場的開啟，主客
戶也紛紛投入 5G 後，無線裝置的市占率才會急速增加。OE
Solutions 在光纖收發器領域可說是「隱形冠軍」（Hidden
Champion），換句話說，這間公司不是一步登天，本來就是一
間實力堅強的公司，隨著熱門議題的出現，公司便掌握了成長
的機會。

如果焦點放在「何時」（When），就會執著於「到底是
何時？」「是什麼時候呢？」之類的問題，只把心思放在時間
點而已。反之，若焦點放在「什麼」（What），自然會關注

趨勢的變化，也就能看清整個大架構。股市的核心不在於「何時」，重要的是「發生了何種變化」。

　　焦點放在「何時」的人雖然能抓準幾次時機，但很難壯大自身的資產，因為這類的人通常稍微有點獲利就賣出，下跌時再買進，又上漲時就賣出，產生多次獲利的錯覺，但除了幾支抓對時間點的股票，其他投資都抓錯時間點，不僅賠掉原本的獲利，甚至虧損，這種狀況在股市中屢見不鮮。

**03 為什麼我們總是錯失良機呢？**

## 無所不在的資訊，暗藏先機

實際營收提升，就是公司最大的利多，不過公司是多數人聚集在一起工作的地方，無論經由何種途徑，公司發生的事通常都會傳到外部。

當然有些特定的資訊只有高層才知道，不過幾乎所有員工都能感受到工作量是否有增加，或生產線是否忙碌，因此現場資訊外傳速度勝過其他資訊。

在公司公開某資訊或發表財報前，就會反應在股價上。

如果在公司發表財報後，股價跟著上漲，但這時才買進，就很可能買在最高點，因此必須多加留意。

2017 年，製造氮化鎵電晶體公司 RFHIC 的股價突然開始飆漲，原本股價維持在 7,000 ～ 8,000 韓元（約新台幣 175 ～ 200 元），在 1 年內漲到約 3 萬韓元（約新台幣 750 元），漲幅高達 270%。這間公司到底發生了什麼事呢？

RFHIC 在 2016 年的營業額是 612 億韓元（約新台幣 15.3

億元）、淨利 55 億韓元（約新台幣 1.375 億元）；2017 年的營業額是 620 億韓元（約新台幣 15.5 億元）、淨利 61 億韓元（約新台幣 1.525 億元）。不過，2018 年的營業額創新高 1,081 億韓元（約新台幣 27 億元），淨利也達到 255 億韓元（約新台幣 6.375 億元）。雖然我長期投資股票，但鮮少看見 1 年內大幅提升營業淨利的情況，如果能遇見這種可帶來龐大財富的公司，算是非常幸運的事。

如果自己沒投資到這種飆漲的公司而覺得惋惜，那就很難成為優秀的投資人，我們應該保持沉著的心態，分析該公司是如何在 1 年內創造驚人業績，並當作經驗累積。

RFHIC 在短時間內，創下驚人業績的原因是什麼呢？為了找出答案，於是我立即分析。RFHIC 的主要客戶是韓國三星電子與中國華為，過去 RFHIC 採用矽膠材料製造調整電力與電壓的電晶體時，不過矽膠的耐久性差、高週波 * 雜訊多，甚至出現中斷的現象。全年無休的電信裝置肯定會產生熱能，更會讓矽膠的耐久性變差，而且使用 5G 高週波的地方會受到更大的影響。

為了克服此缺點，相關產業開始使用氮化鎵代替矽膠材料，RFHIC 率先成功國產化，並取得獨占生產優勢。隨著進入

---

\* 指頻率大於 100Khz 的電磁波。

5G 市場，三星與華為大量訂購設備，RFHIC 的業績開始暴增。

不過，2017 年冬天股價上漲時，這間公司業績暴增發生在季報公布之前，因此尚未正式公開這件事。但公司員工、合作公司和對象早已清楚接到大量訂單的事實，因為工作量暴增，業務極度忙碌。隨著消息慢慢傳開，股價在公司還沒發布營收前就上漲。

## 未能解讀企業背景，注定只會晚一步

雖然這只是我個人的推測，但是以這種結構發展的可能性很大。

當公司的營業額開始增加時，公司的生產線或內勤員工一定會有人察覺到，公司突然變忙了，當他們和認識的人一起吃飯或喝咖啡時，多少會談到公司的，幾乎沒有人會守口如瓶，大致上都會談論自己的工作近況，聽到消息的人立刻投資的機率也很高。

RFHIC 公布 2018 年的季報時，股價早已飆漲了 200％，證券公司看見財報後，也開始提出分析資料。

若想防止看見季報才投資的失誤，就如同前文提過的，要以長遠的眼光描述投資背景。不管是企業家或使用企業產品的

消費者都是「人」，應該傾聽人與人之間流傳的事前資訊，藉此掌握先機。因為高獲利的祕訣就是，解讀世界趨勢，在其他投資人尚未察覺之前，以便宜價買進，飆漲後賣出。

# 04 不要把「價值股」和「低估股」混為一談

## 任何人都能「隨便」決定低估標準

依照觀點不同，低估的標準也模稜兩可。全球最擅長價值投資的巴菲特以 25 兆韓元收購美國食品公司亨氏（Heinz）、以 53 兆韓元收購食品公司卡夫（Kraft），我不認為那是一項很好的投資。當時，巴菲特認為這些公司的價值都被低估，收購價算很便宜。不過，巴菲特收購合併的卡夫亨氏（Kraft Heinz）股價一度下跌 30%，讓巴菲特虧損了數十兆韓元。

為什麼會這樣呢？或許在收購這兩家公司時，股價是被低估的狀態，但隨著全球掀起健康食品的熱潮，消費者的喜好也跟著改變。另外，該公司產品的銷量都輸給沃爾瑪與亞馬遜的自家品牌。比任何人都擅長價值評估的機構，也會犯下這樣的失誤，更何況是散戶呢？

投資股票常見的低估標準是「本益比（PER）低於 10」、

「股價淨值比（PBR）小於 1」「營業現金流低於幾倍」等。PBR 是指公司於特定時間的股價，相對於最近一季季底每股淨值的比值，是總市值除以公司淨資產取得的數值。換句話說，PBR 倍數越高，表示資產價值有被高估的狀態。

PBR 是 1，代表資產與總市值是相同的水準；PBR 低於 1 時，資產價值呈現低估的狀態，由於沒有計算公司盈餘值或商業模式，只認同資產價值，因此才會評估公司的總市值低。這就是低估標準的 PBR。

假設 PBR 為 0.5，表示公司股價以不到資產一半。

依照目前公司總市值，買進這間公司全部的股票後，就算終止上市立刻轉賣，都還能獲利。也就是說，該價格低到不可思議。

但我希望你能記住一件事，沒有任何指標能夠精準計算股票是否被低估。股票是無法預測的領域，巴菲特也有過這類的失誤。

在股市中，要從多元面向思考，包括：營業狀況、競爭公司的動向、技術投資費用、企業文化、商業模式、所屬產業市場的規模等，很難用數學公式精準算出，低於多少是低估，高於多少是高估。

# 投資低估股的陷阱

參考判斷與盲目相信，是兩碼子的事，理由有兩個。

第一，股票無法以目前的價格全部買進。因為當有人開始買進時，股價就會上漲，況且沒有大股東會想只以目前的價格賣出公司。

因此我認為，市場判斷只不過是參考，因為在買股的過程中，股價會上漲，完成交易時的 PBR 會大於 1。

過去韓國各地掀起開發熱潮，土地價格飆漲，資產股獲得好評，但那個時代結束了。同理，我認為，PBR 小於 1 視為能便宜買進的低估股，那樣的時期也結束了。

當某間公司的資產價值亮眼時，看起來很有發展性，技術與銷售能力也很棒，未來前景一片光明。如果每個人都這麼認為，資產價值品質也很高，就能給予好評進行投資。

第二，我不會只看比較總市值與淨資產的數值，而是會看資產的品質。舉例來說，比起擁有郊區土地 10 萬坪的公司，在市中心擁有 1,000 坪的公司會更好。就算規模小，但擁有許多人都看好的資產時，就會給予高度評價。如果只單看財報上的數字，因為 PBR 低於 1 就屬於低估股，這是我無法認同的觀點。

是否還必須考量到，某間公司面臨財務困境，進入清算程序時，有人會依照市價接收庫存資產？老實說，以目前市價的

一半接收算很不錯了。就算持有不動產，如果不是在蛋黃區，而是郊區，清算時不會用好價格接收的，通常都會遠低於市價的價格收購，畢竟急著要變現的，不是收購者，而是債務者。

所以收購者都會依照市價的一半斟酌估價，價格說穿了只不過是數字，因此當數字要變現時，必須考量到降幅很大的可能性。

其他資產最好也能保守評估。假設花費 10 億韓元（約新台幣 2,500 萬元）裝潢與經營店面，但不幸倒閉，很遺憾的是，10 億韓元只會一去不回。一般來說，會把目前持有的資產賤價出售，甚至要恢復原本的裝潢。因此，庫存資產應該低價評估，不動產也要低於市價保守估價，如果不是擁有每個人都想要的蛋黃區不動產。

我認為，除了現金與蛋黃區不動產，幾乎無法保值。只有現金資產、蛋黃區不動產才是屬於真正的資產，對我來說，這種思維遠勝過 PBR。


## 評估價值股時，需要其他數值

評估某間公司時，最重要的評估因素就是，該公司的營業額。

　　我看的不是公司的營業利潤或淨利，而是以現金流為標準。具體來說，我會找出營業現金流，仔細觀察該公司每一季、每年的營業額，那才是公司的真實面貌。

　　我還會觀察公司是以營業現金流的幾倍交易，並試著和同業比較。

　　最後，若我想接收這間公司，我會觀察目前總市值的營業現金流是否合理、是否具有吸引力等因素，判斷是否為低估。此時，我不會套用固定的倍數，因為收購價會隨著公司內容、產業規模、日後的議題、產業展望而不同。

　　就算公司的營業現金流是 5 ～ 6 倍，其他公司可能在 10 倍的水準收購，隨著情況不同，也可能出現 15 倍以上，因此很難斷定幾倍以下就是低估或好價格。

　　股票書中，有相當多樣化的價值評估方法，但我建議不要想得太複雜。也就是說，當我想要收購麵包店時，就算不斷強調裝潢、位置、品牌價值等，我都不是我評估的重點，但如果比較出售價格與一個月有多少營業現金流，經過判斷後還是認為「買到好價錢」，才算是好交易，或稱為便宜收購。

　　我會以相同的觀點評估公司，就算有各式各樣的分析法，最終還是要追究該公司目前的營業額，以及出售價格是營業額的幾倍。由於出售價格是目前看見的總市值，因此站在收購者的觀點分析很重要。關鍵在於，要站在收購者的立場，認為營業現金流的幾倍收購公司才合理、才算好交易。

# 05 適合忙碌上班族的投資方式

## 上班族投資前，先提出三個問題

由於上班族有正職，時間會受到限制，因此投資股票最困難的部分就是，無法迅速應對市場的狀況。上漲前，要掌握買進時機或快點搭上順風車，但工作時無法隨時看盤交易，所以每次都會錯過時機。

但每天頻繁進出股市的投資方式，不適合上班族，因此不需要太在意時機，真正的重點如下：

- 我有挑對產業嗎？
- 我是否有從正確的產業中挑對公司呢？

重要的是選擇，而不是時機。

如果關注的產業發生變化，該產業相關企業的實際營收也會出現變化，最好以這種觀點為標準投資6個月到1年的時間。由於產業剛開始變化時，尚未反應在行情上，因此能夠以

不錯的價格投資。

假設當下認為存有風險，可以先觀望，當出現大筆交易量，股價上漲 10％左右，就能進場。一般來說，這是開始上漲的訊號，當然不適用於任何情況，畢竟股市沒有絕對。因此希望你不要視為公式，當作參考就好。

以不動產市場來說，當出現利多時，成交價會在一夕之間上漲。股市也是如此，當產業發生變化，相關產業的公司就會開始受到矚目，若加上實際營收漸入佳境，交易量就會大幅上升，股價漲幅也會變得劇烈。

此時就是投資獲利的最佳時機，還要邊觀察總市值，判斷「以目前的價格，我是否會收購該公司」，再決定是否要購買股票即可。

千萬不能因為比昨天上漲 5％或 10％就猶豫不決，不要以昨天上漲的數值當作標準，可以問自己三個重要的問題：

- 是否屬於成長產業呢？
- 公司在該產業是否有受惠呢？
- 以總市值來看，是否能以目前的價格收購該公司呢？

回答這三個問題後，若有收購意願，確定以現價買進，日後能以更高價格賣出，那就大膽投資。

## 不看市價，也能賣到高點

上班族常因近期漲幅猶豫不決而失誤，只要一猶豫都會買到不會上漲或跌多的股票，這是應該避免的投資方式。

思考一下，好股票的股價會暴跌嗎？以不動產來說，如果位置佳、交通設施與學區佳等有利因素，房價上漲後很難下跌。如果價格下跌，比周圍的市價更低，不太可能是被低估，可能存在某種缺點。在股市中，也是一樣的道理。

投資時，必須牢記此觀念，上班族通常一有空就會看盤確認股票，這是因為只是以市價的角度投資。

如果是觀察產業與公司，秉持收購公司的思維投資時，心態就會不一樣。因為該選擇什麼樣的公司、該在哪一個時間點買進、該以何種心態持有、何時該賣出，心中自然會有答案。

那麼，何時該賣出呢？如果根據目前總市值判斷，覺得已經很難以更貴的價格轉賣，或者自認「這樣我就滿足了」時就賣出吧！想賣在最高點是不可能的事，千萬不要有這種想法。

**不要看股價，而是要看週期**

## 經濟變化從股市開始

基本上，股市會以目前發生的現象，優先反應未來會發生的事。舉例來說，最先受到新冠肺炎影響的就是股市，讓股市出現了史無前例的暴跌，不管是美國、韓國、義大利等許多國家都投入了大筆資金救股市，但不見成效。

其實，大多數人都沒感染新冠肺炎，都是透過新聞或網路得知確診與死亡人數攀升，因此疫情剛開始爆發時，無法深刻體疫情對生活會造成何種程度的影響。

股市出現史上最慘崩盤，韓國綜合股價指數（KOSPI）跌破了 1,500 點，創十年新低。許多報導指出韓國股市出現史上第四次的熔斷機制，同時讓投資人陷入恐慌，但這些報導也能視為是媒體間的競賽。不過，我們必須了解股市會最先反應金錢的流向，也就是說，股市的暴跌就等於是宣告經濟停滯的危險訊號。

本以為新冠肺炎只會在亞洲擴散，後來也擴散至美國、歐

洲等，確診與死亡人數暴增，最後世界衛生組織宣布「全球大流行」，將新冠病毒全球危險等級調升為「非常高」。隨著情況越來越惡化，各國政府開始封城、關閉邊境，個人實施居家隔離；公司縮短工作時數、執行居家辦公等，盡可能保持社交距離。

　　由於大家都在家隔離，消費也就減少了，商家生意變蕭條。來往各國的飛機停飛了，人口與物品的流通也減少了。每個月為了負擔固定開銷，企業的財務開始出現赤字，業者面臨財務緊縮的困境，導致失業人口與公司停業的數量增加，讓經濟雪上加霜。

　　從歷史來看，當股價暴跌後，都會伴隨經濟停滯的現象，這就是各國政府竭盡所能堅守股市的原因。不過，每一百年會出現一次的暴跌週期已經發生了，是時候做好準備，因應未來會發生的事。

## 只要理解市場週期，就能消除不安

　　股市中的漲跌原因不一，趨勢圖會呈現上升與下降的走勢。2020 年上半年，因為新冠肺炎，股市趨勢圖呈現不尋常的跌幅，為了讓股市止跌，政府會投入資金拯救企業，讓人民回

歸原本的生活。屆時，股市會最快反應漲勢。

在這個時間點，就可以備妥現金，趁漲勢週期來臨前投資或加碼。在股市或房市，只要當大家都感受到危機與恐懼時，會有人當作是機會。每次金融危機結束後，大家經常說：「如果經濟再次面臨危機，我要危機入市！」

但從新冠肺炎來看，當危機真正來臨時，通常都會因為恐懼而錯失投資時機。雖然很煎熬，但這種危機可說是百年難得一見的機會，只要確實理解本書的投資基本概念，做好萬全的準備，相信一定能掌握每次機會。

# 第 6 章

# 我 8 年賺 100 億韓元：
## 存飆股的五階段

我的收益率高，有兩個理由，

我絕對不會先挑個股，

而且會耐心等待。

##  第1階段：尋找潛力產業

只要每天閱讀財經新聞，任何人都能找到即將成長的產業，但為了找出成長產業而閱讀新聞，和只是隨意翻閱新聞是不同的。

從我預測 2018 年 5G 領域會掀起投資熱潮後，我一直在苦思接下來會是哪個領域，就算目前已有投資的公司，但找出日後要投資的產業是我過去二十多年培養出的習慣，也是我日常生活的一部分。

2018 年，汽車產業開始出現變化，Google 子公司 Waymo 公布要研發自動駕駛汽車，發展美國無人計程車產業。有報導說，韓國汽車業者投入數十兆韓元發展自動駕駛汽車，加上有消息指出，海外汽車業者為了研發自動駕駛汽車與電動車，投入數十兆韓元，預計將出現大規模的裁員。

Waymo 在 YouTube 的電動車影片，展現了令人驚豔的實力。2019 年，我前往美國拉斯維加斯參加國際電子產品博覽會（CES）時，街上早已看見不少電動車，只是在韓國還感受不到，其實在海外，早已發展到相當程度的水準。

2021 年上市的賓士高階車款，搭載了最新技術，駕駛就算不專注視線前方，看窗戶或周圍也能行駛。讓人不禁認為 2021

年後，電動車大概會掀起投資熱潮吧。

**「會有成長更多的產業嗎？」**

我認為，繼半導體、造船、美妝、5G 之後的成長產業，就是電動車。實際上，從 4 ～ 5 年前開始，我搭過現代、賓士、BMW 的高階車款，而且持續觀察這塊市場。電動車的便利性跟一般汽車有明顯的差別，我試著想像自動駕駛技術漸漸大眾化的畫面，同時認為在未來深具發展潛力。

最近，我對「2021 年，自動駕駛技術開始就會正式成長」的想法深信不疑，我不是像擲骰子一樣隨機選擇，而是審慎檢視各種資訊，在實際使用過產品後才做出決定。至今，我搭乘搭載「先進駕駛輔助系統」（Advanced Driver Assistance Systems, ADAS）的汽車，都有感受到當中的變化。

選好一個產業後，就該做功課，理解產業的生態，雖然我在書中說得很簡單，但實際上我有好一段時間都在研究自動駕駛產業。我還曾聯絡過 Waymo 的研發組，也詢問過美國當地和通用汽車（GM）的工程師。我竭盡蒐集資訊，長時間觀察產業，就算沒詢問 Waymo 或通用汽車的工程師，最好至少要在 NAVER 或 Google 搜尋資料。

簡單了解一下電動車市場。

　　目前全球首屈一指的電動商用車就是特斯拉（Tesla），展示服務則以 Google 的 Waymo 最優秀，從技術能力來看，目前 Waymo 在全球占據領先地位。可以搜尋 YouTube 影片觀看 Waymo 車輛行駛的畫面。

　　其實，技術能力有獲得官方認證的是通用汽車，比起商用化，從測試車輛與專利來看，通用汽車排名第二，雖然實際上技術能力位居第二的是特斯拉，不管怎麼樣，重要的不是排名，但知道也無妨。

　　接下來，要了解 Waymo 與特斯拉的電動車是以何種邏輯行駛，Waymo 與特斯拉的自動輔助駕駛功能，是其他業者想要效仿的對象，也可以說是肉眼看不見的國際標準。

　　Waymo 則以 Google 引以為傲的人工智慧 AlphaGo 為基礎，據說自行研發硬體或採用雷達與光學雷達等國際級零件。特斯拉沒有使用高價的光學雷達零件，而是靠感應器與相機進行自動駕駛。

**第 2 階段：
列出相關的公司清單**

　　韓國有哪些公司屬於自動駕駛產業呢？本書有分析部分公司，不過只是我平常的觀點，並沒有推薦或貶低的意思。由於分析內容也是參考第三方的主觀資料，因此準確性有限。

　　分析股票時，以新聞報導、電子下單系統、YouTube、部落格、股市論壇為優先，既然要調查就有充裕的時間，在不同時間搜尋，進行多次的調查。

　　韓國是否能供應比特斯拉或 Waymo 更優秀的軟體呢？很遺憾的是，在分析多項資訊後，我可以很肯定地說，是不太可能的事。

　　由於汽車要盡可能降低意外的風險，因此不會使用沒驗證的軟體或硬體。韓國沒有能取代微軟作業系統（OS）的企業，三星產品在行動裝置 OS 領域的市占率也只有 1%，與安全息息相關的軟體更必須獲得驗證。

　　況且韓國無法提供比 Google 或特斯拉更多的機器學習資料，所以軟體企業中很難找到會因為自動駕駛產業成長而受惠的公司。

177

那麼，硬體怎麼樣呢？我認為，韓國公司在 IT 零件方面
具備優勢和競爭力。結論就是，應該以硬體為主進行觀察。

經過一連串的調查過程後，出現了 20 間公司，以下就是
我找到的公司：

| | |
|---|---|
| Mando | CHEMTRONICS |
| Thinkware | Chips&Media |
| i3system | MCNEX |
| kftec | A-TECH SOLUTION |
| MobileAPPliance | Telechips |
| Truwin | HNT |
| Hyundai Mobis | Hanon Systems |
| nc-and | ia-inc |
| optrontec | |

雖然還有其他公司，但我認為可能性不高，因此沒刻意提
起，即使是列表中的公司，也有勉強和自動駕駛有關或幾乎沒
競爭力可言的公司。

一開始要盡可能多搜尋和調查，依照新聞或分析者的觀
點不同，有可能會遺漏相關的股票，最好能從多元的角度和透
過不同的途徑調查。千萬不能只花一、兩天的時間，最好做足

功課。

　　只要從清單中，找出能守住本金、日後能變更有錢的公司就行了。

## 03 第3階段：篩選要收購的公司

如果要付出全部的財產收購，你會投資哪一間公司呢？

挑選公司時，必須確認是否有滿足這個問題。假設一間公司無法讓人想收購後留給後代，未來也無法成為有錢的公司。如果公司花光了至今累積的金錢，有誰還會想收購呢？

其實，投資股市時，「收購公司」就包括一切。會考慮到這點的投資人，基本上和只糾結於 PER、PBR、技術線圖的投資人，是屬於完全不同的層次。

就算位於不錯的商圈、裝潢也很棒的麵包店，如果那間店的麵包不好吃，當然不會有生意，也就是說，「實體」很重要。同理，如果秉持收購的心態投資，就不會被其他因素誘惑，也會努力看清實體。

以下就是我認為的投資核心：

- 這是值得我收購的公司嗎？
- 這是我想收購的公司嗎？

當注意到某間公司時，就該試著問自己。

試著從自己篩選的公司名單中，找出是否有想收購的公司。不過，世界上不存在能精準找出答案的分析方法。在把球踢向球門時，沒人能在踢球的瞬間知道是否能得分，而是必須等待時間告訴我們答案。

若理解我的意思，現在就試著挑選公司吧！我會挑出幾個前文提過的公司說明。不過，只是以我個人的觀點發表意見，希望你不要當作正確答案。

# THINKWARE

THINKWARE 是使用 iNAVI 地圖的車用導航公司，雖然現在智慧型手機導航的品質很棒，幾乎可以不需要另外安裝導航，但過去經常使用鑲入式或固定式的 iNAVI 導航。

隨著智慧型手機的普及，T Map 與 Kakaonavi 的使用率提升，額外安裝導航的需求大幅降低。因為導航還要隨時更新，實在太不方便了。

後來，THINKWARE 生產行車紀錄器彌補導航營收降低的部分，網路上有消息說，它是和自動駕駛相關的公司。

思考一下，自動駕駛是能輕易入門的領域嗎？製造導航與

行車紀錄器的公司要製造電動車的哪個部分呢？是相機嗎？相機領域已經有先驅企業，不僅能大量生產，甚至具備價格競爭力，要和那些公司競爭實在太困難了。由於競爭公司也具備製作地圖的技術與經驗，難以視為是 THINKWARE 專屬的競爭優勢。

我個人認為，THINKWARE 無法成為電動車的相關股票，在此領域幾乎不具備競爭力。其實這間公司本身的事業的銷售與利潤都大幅度降低，目前處於要維持原本的事業都很困難的狀況。如果要投資龐大資金與時間，加入電動車產業或拓展事業，大概會因為支出增加而難以經營下去。

站在投資人的立場思考，「這間公司值得我投資收購嗎？」

不少汽車企業子公司都能自己生產抬頭顯示器（Head Up Display），搭載高品質導航系統，加上 T Map、Kakaonavi、Naver 地圖等 APP 提供搜尋美食餐廳的功能，THINKWARE 營收當然會更少。行車紀錄器競爭也相當激烈，因此成為這間公司的主要事業。

你還會因為網路上說 THINKWARE 是電動車相關的概念股，想投入所有財產收購嗎？換作是我，連 1 元都不會投資。當然這是我主觀的意見，每個投資人的想法都不一樣，投資沒有正確答案。

## Mando

Mando 在「先進駕駛輔助系統」（ADAS）市場上是韓國第一的企業，現代汽車使用的 ADAS 是 Mando 的產品。這段期間，我開過的車有現代汽車高階車、德國賓士、BMW、保時捷、英國車、義大利跑車等。

以我的經驗來看，這些車當中的 ADAS 就屬賓士與現代車使用的 Mando 最優秀。實際上，Mando 在韓國也被視為是最頂尖的汽車零件公司，也是電動車相關的公司，這類公司當然會讓人想投資。

不過缺點是，公司規模太大，與電動車相關的項目中，占整體銷售的比重太低。也就是說，目前依舊受到一般汽車營收相當大的影響。因此，就算電動車的市場成長，若一般汽車使用的主力零件營收不好，股價漲幅會受到限制。

結論就是，以一般的角度來看，它是一間相當不錯的公司；但站在投資的觀點時，是一間讓人退卻的公司。

## Hyundai Mobis

Hyundai Mobis 的性質和 Mando 相似，現代汽車使用的零

件，有一半都是由 Hyundai Mobis 提供，該公司主要生產前方
感應器與剎車系統。

Hyundai Mobis 本身的基本面不錯，但以電動車相關概念
股來看，卻不具備吸引力，因此我猜現代汽車會不會選擇和海
外企業合作。目前 Hyundai Mobis 的整體銷售中，電動車占比
非常低。如果這間公司要視為電動車概念股，我認為不是合適
的投資標的。

## MCNEX

MCNEX 是製造智慧型手機、自動停車輔助系統、車側影
像輔助的公司。自從智慧型手機從雙鏡頭進化成三鏡頭後，每
支手機使用的鏡頭數量增加，這間公司的營收呈現暴漲的趨
勢，包含了車用營收占整體營收的比例是 8：2，日後只要妥善
供應車輛使用的相機，我認為這家公司未來前途光明。

其實，目前智慧型手機很難凸顯差異化，所以目前都是強
調相機與影像的差異，加上現在大家都喜歡自拍、把影片上傳
至 YouTube、IG 等社群，因此相機與影像的需求增加，在智慧
型手機領域深具成長的潛力。

車輛打算以相機取代高價的光學雷達，預計高性能相機的

需求與輛車使用的數量都會增加，簡單來說，MCNEX 會是我想投資的公司。

# i3system

i3system 是製造國防用紅外線相機的公司，是韓國製造紅外線相機感應器的企業，具有獨占市場的地位，全世界只有 8 ～ 9 間的企業。

過去紅外線感應器主要運用在製造武器，現在日常生活中則是隨處可見，特別是製作牙科專用 X 光裝置、紅外線熱影像儀的必備零件。i3system 的技術能力早已獲得認同，新冠肺炎剛爆發時，中國與其他國家都有出口訂單。在韓國，該技術廣泛運用在公共行政機關、機場、學校、企業等，因此需求也暴增了。

我認為，i3system 會因電動車產業的成長而受惠，因為視線受到限制的情況下，紅外線感應器是在能協助我們安全駕駛的必備技術。無論夜間、下雨或下雪等天候不佳時，紅外線感應器能幫助我們確保視線，以及辨識事物與行人。

美國曾發生 Uber 於夜間使用自動駕駛時，在暗處撞到路人不幸喪命的意外事件。每次開車出門，當視線不佳時，我都

很緊張，很希望前方有車、位於死角、路旁有行人時，車子都會事先警示，並視情況緊急剎車。

就算不是電動車，現在顧客對便利裝置、安全裝置的要求與規格也逐漸提升中，因此預計目前車輛經常使用的 ADAS 在未來也會安裝紅外線相機。實際上有消息指出，2021 年開始，國際級的紅外線熱影像儀製造公司 FLIR Systems 的產品會供給德國汽車公司（賓士、BMW、奧迪），配備紅外線感應器的車輛即將上市。未來德國的汽車若配備紅外線相機，我認為，韓國汽車業者於 2021 年～ 2022 年大概也會配備紅外線相機的車輛。

紅外線相機原本只使用在國防工業武器，後來它的使用普及趨向大眾化，預計也會開始成為新的模式。預計紅外線相機的需求會跟著世界的趨勢逐漸上升，因此我認為在國內獨占市場的 i3system 未來應該能獲得龐大的利益。

## Chips&Media

Chips&Media 具備視訊編碼的技術，也和半導體公司簽訂授權合約，藉此收取權利金。我看過該公司的營業報告，內容對非專業者來說，實在太難了。

這間公司具備何種競爭力、市場規模程度和 NVIDIA 或 ARM 有何不同、與競爭公司有什麼差異、競爭公司擴展時是否會受到衝擊等，這些因素應該要能輕易描述，但我完全摸不著頭緒。

另外，目前該公司在研發哪些技術、日後哪一項技術具備潛力、公司為了具備潛力的技術做了什麼準備、在技術上與競爭對手間具備何種差異、是以何種方式簽訂專利等，也都很難清楚掌握。

這種情況下，要投資只能完全依靠公司了，換句話說，要聯絡公司調查清楚，或隨時掌握公司內部發布的消息。我個人不喜歡這種投資方式，就算不需要刻意經常聯絡公司，我自己也能分析，如果公司具備潛力的話，當然就會感興趣。簡單來說，必須要能輕易描述藍圖，才會列為投資清單中的選項。

我不喜歡充滿不確定性因素的投資標的，就算該公司的技術能力一流也一樣。這種情況下，我寧願選擇能放心投資的美國 NVIDIA，也不會投資無法輕易描述營業結構和無法輕易理解產業內容的公司。

若自己不清楚內幕，無法描述藍圖，怎麼可能放心投資呢？當然這是我個人的投資標準。輕易理解一間公司的狀況，找出其他投資人沒能看出來的部分，這樣反而會是一個投資的好機會。

其實，我個人也不喜歡營收規模太小，因為規模若是太小，日後很難用更好的價格賣給別人。我對那種公司心存質疑「那樣的公司往後能成為有錢的公司嗎？」

## MobileAPPliance

MobileAPPliance 是以導航起步的公司，製作行車紀錄器、抬頭顯示器、影像裝置等產品，也為 BMW 與奧迪提供 ADAS 技術。知道他們製造的產品後，有何感想呢？我一直強調必須以收購的角度觀察公司。

你會收購一間製造導航的公司嗎？那行車紀錄器呢？專業導航企業在初期時，品質雖然勝過汽車公司，但現在汽車公司的子公司生產的導航更優秀。至於行車紀錄器，大致上來說，購車時都會配備 THINKWARE 的產品，或配備更便宜的產品。那只憑導航和行車紀錄器，讓人很難收購這間公司。

那麼 ADAS 怎麼樣呢？以韓國來說，Mando 在該領域是先驅者，韓國的汽車主要都是使用 Mando 的產品。過去幾年，我曾開過德國三種品牌和韓國國產的高階車款，我認為賓士和現代汽車的 ADAS 品質比較優。像這種面臨強大競爭對手的狀態，若收購後，一定避免不了陷入苦戰，而且會擔心營業毛利

率下滑。

扣除法人持股的部分，大股東的持股比例沒超過 20%，這不符合我的投資原則，我個人偏好大股東的持股率是介於 30%～ 40%，最好超過 40%。

這是我個人的投資原則，相關人士也可能有其他看法，說不定和我的想法南轅北轍。話雖如此，我不是在貶低這間公司，我只是站在投資人的立場，說明想收購公司時應該考量的部分。

其他投資人的觀點也可能和我不一樣，這是很正常的，因為股市屬於無法預測的領域，沒有正確答案，只要依照自己的投資原則進行即可。

我在分析某間公司時，不會先看財報或技術線圖，而是會先找出想投資的產業。之後我會瀏覽該產業公司的營業報告，從官網或網路上搜尋相關資訊。這時，我會把目前獲利模式與未來展望寫在筆記本上，當找到能輕易描述藍圖的公司，我會再次從中挑選想收購的公司。

財報或技術線圖，則是留到最後才看。

其實，本書中我沒有介紹的電動車概念股也很多，老實說，其他公司我連 10 萬韓元（約新台幣 2,500 元）也不想投資，也一股都不想買。

　　我看好的公司是 MCNEX 和 i3System，雖然 Mando 也不錯，但如同前文提到的，該公司的規模太大，原本的事業規模遠超過電動車事業，本業是否成功也會對股價造成重要的影響。雖然它確實是一間好公司，但我不會想投資。

　　話雖如此，不代表只有這兩間公司是正確答案，不是只有這兩間公司會飆漲，也不代表這兩間公司一定會成功，因為沒有人能準確預測股市的未來發展。

　　如果決定要投資 MCNEX 和 i3System，那接下來該考慮什麼呢？當然是要考慮該以多少錢買進、未來能以多少錢賣出。

**第 4 階段：
決定最佳的收購價**

請牢記一件事，不是買賣價，而是收購價，不是為了賺價差的概念，而是要以收購整間公司的概念投資。

MCNEX 和 i3System 的合理價是多少呢？依照目前的總市值計算，如果覺得合理的話，就以目前的價格買進，如果認為昂貴，就先等待一段時間；賣出時也是用同樣的邏輯思考。

## 分析 MCNEX 收購價

2020 年 2 月 28 日，MCNEX 的總市值是 6,127 億韓元（約新台幣 153 億元），前一天的收盤價是 3.51 萬韓元（約新台幣 877.5 元）。

這間公司 2019 年的預期總市值是 1 兆 2,000 億韓元（約新台幣 305 億元），營業毛利是 1,000 億韓元（約新台幣 25 億元）。淨利是 700 億韓元（約新台幣 17.5 億元），扣除負債的資本淨額約 2,000 億韓元（約新台幣 50 億元），營業現金流的資金約 800 億韓元（約新台幣 20 億元）。

　　智慧型手機相機的功能與數量的提升，讓這間公司未來2～3年有機會大幅成長。加上隨著車使相機增加，2021年與2022年應該會有不少資金流入公司。

　　營業現金流大概有好幾年都會維持800億～1,000億韓元（約新台幣20億～25億元）。如果以目前的市價約6,200億韓元（約新台幣155億元）收購，依照目前的營業現金流，約6～7年就能回本。而且，我認為這間公司數年後至少能以1兆～1兆5,000億韓元（約新台幣250億～375億元）賣出。

　　假設總市值是1兆～1兆5,000億韓元，我就會考慮要不要收購，就算幾年後營業毛利上升至1,500億元，但IT產業競爭激烈，這間公司也不是非獨占企業，因此會有調降單價的壓力。在幾年後，很可能不再榮景。若總市值是1兆3,000億元（約新台幣325億元）時，成長空間只剩3,000億～4,000億韓元（約新台幣75億～100億元），出售的風險會變大。

　　無論是用PER或現金流評估收購價，標準取決於個人的能力，沒有既定的標準答案。

　　賣出價格也一樣，不久前，韓國外送APP「外送的民族」把87%的股份以4兆7,000億韓元出售給德國企業，收購價實在驚為天人。當時有消息說，韓國網路公司Daumkakao以600億元（約新台幣2500萬元）收購韓國叫車APP「金司機」，如果出售給海外企業或主動購買的話，收購價是1兆韓元（約

新台幣 250 億元）。

## MCNEX 目前股價與總市值

| | MCNEX | | |
| --- | --- | --- | --- |
| ⌂ | **MCNEX**<br>097520 KOSDAQ | Q MY | |

**34,500**
▼600　-1.71 %

02.28 10:07 即時 🔔 ★

依照交易證券公司設定的便
利股票訂單 ⑦　　　　　　　　訂單

| 綜合 | 討論 | 新聞·告示 | 市價·成交價 | 財務 |
| --- | --- | --- | --- | --- |

| | | | |
| --- | --- | --- | --- |
| 前一天 | 35,100 | 市價 | 33,650 |
| 高價 | 35,050 | 低價 | 33,600 |
| 交易量 | 384,768 | 交易值 | 131億4,800萬韓元 |
| 總市值 | 6,172億 | 外資占有率 | 24.61% |
| 52 週最高 | 44,150 | 52 週最低 | 15,000 |
| PER<br>2019.09 | 7.49倍 | EPS<br>2019.09 | 4,604元 |
| 預估PER | N/A | 預估PER | N/A |
| PBR<br>2019.09 | 2.87倍 | BPS<br>2019.09 | 12,037元 |
| 股息率 | N/A | 每股股息 | N/A |
| 確認各 PER、EPS、PBR、BPS 股息率標準 | | | ⑦ |

　　出售價會隨著收購的對象、對方的想法不同，沒有既定的
答案，說不定有人認為 MCNEX 能夠以 2 兆韓元（約新台幣
750 億元）或 3 兆韓元（約新台幣 500 億元）出售。

　　我說的收購價或出售價沒有正確答案，請當作參考就好。當下沒人可以精準知道收購價和未來出售價。

## 分析 i3system 收購價

　　2020 年 2 月 28 日，i3system 總市值是 1,293 億韓元（約新台幣 32 億元），前一天的收盤價是 18,650 韓元（約新台幣 466.25 元）。

　　這間公司於公開募股的資金是 2 兆 7,000 億韓元（約新台幣 675 億元），競爭占有率高達 150：1。這也顯示，公司的技術能力與獨占市場影響力，具有高評價。

　　以國防工業產業為基礎的公司，從 2020 年～ 2021 年開始，車輛與其他產業開始銷售紅外線相機、感應器，這類公司比起財報，更注重產業趨勢，觀察總市值更重要。

　　當大企業為了技術收購國內外公司時，通常會思考「便宜的總市值」是多少。具體來說，以大企業領導人或私募基金代表的立場，會思考目前總市值 1,300 億韓元（約新台幣 32.5 億元）是否合理。

　　以通訊裝備公司 OE Solutions 為例，2018 年下半季，雖

## i3system 目前股價與總市值

⌂　　**i3system**　　Q MY
　　214430 KOSDAQ

< 　**18,200**　 〉
　▼450　-2.41 %
　　　　02.28 10:07 即時 🔔 ★

依照交易證券公司設定的便　⑦　　訂單
利股票訂單

| 綜合 | 討論 | 新聞·告示 | 市價·成交價 | 財務 |

| 前一天 | 18,650 | 市價 | 18,150 |
|---|---|---|---|
| 高價 | 18,500 | 低價 | 17,600 |
| 交易量 | 59,238 | 交易值 | 10億6,600萬韓元 |
| 總市值 | 1,293億 | 外資占有率 | 2.97% |
| 52 週最高 | 24,550 | 52 週最低 | 15,800 |
| PER 2019.09 | 27.49倍 | EPS 2019.09 | 662元 |
| 預估PER | N/A | 預估PER | N/A |
| PBR 2019.09 | 1.82倍 | BPS 2019.09 | 10,023元 |
| 股息率 | N/A | 每股股息 | N/A |

確認各 PER、EPS、PBR、BPS 股息率標準　⑦

然這間公司具備技術能力，但沒有開拓市場，因此銷售一直都處於虧損邊緣。後來，隨著 5G 市場來臨，主要顧客三星網絡公司（Samsung Network）事業部的全球市占率從 3％躍升為 20％，營收與毛利也隨之暴增，股價同時飆漲，當時 OE Solutions 的總市值是 600 億～ 700 億韓元（約新台幣 15 億～ 17.5 億元）。

原本股價一直停留在 9,000 韓元（約新台幣 225 元）也飆漲到 7 萬韓元（約新台幣 1,750 元）。以當時 OE Solutions 的財報，就算股價是 9,000 韓元也沒人想投資。不過，若了解產業的話，看見華為因美中貿易戰而遭殃的情況後，相對可以猜到三星能受惠，成為 OE Solutions 市占率提升的一大機會。

i3system 的情況也差不多，這間公司屬於國防工業產業，在汽車領域的營收增加後，也步入了轉型為汽車電氣化公司的第一階段。因此，股票的價值評估不能只憑財報、PER、PBR，應該思考目前的總市值 1,300 億韓元是否為合理的收購價。另外，還要考慮日後有海外企業想收購時，能夠以多少錢出售。

假設我以 1,300 億元收購，思考在數年內能以幾倍的價格售出，這就是未來的目標價。我認為售價很難精準判斷，也是無法十分確認。實際上，國內與海外企業收購時的價格可能會相差 10 倍之多。有人說，如果換成是海外企業收購叫車 APP「金司機」，收購價說不定會從 600 億韓元飆漲至 1 兆韓元。相反地，假設韓國外送 APP「外送的民族」不是賣給德國企業，而是賣給國內企業，大概就很難獲得 1 兆韓元以上的收購金。公司的出售價就像這樣，會依照收購者、評論價值的標準而天差地別。

更何況是股市的價格呢？股神巴菲特收購亨氏時，也認為

很便宜，但隨著時間過去，證明了那其實是一場失敗的投資。

總之，股市不該抱持賺價差的觀點，而是該秉持收購與出售公司的概念，這樣就不會糾結於財報與技術線圖，能以更深遠的眼光看盤。

我認為，如果現在收購 MCNEX 和 i3System 這兩間公司，之後至少能以 100％以上的高出售，甚至是收購價的 3 ～ 4 倍，但目標價會隨著產業的規模與公司發展有所變動。

## 05 第 5 階段：從容地等待

現在任務結束了，接下來只要維持生計，或邊做其他事邊等待即可。偶爾確認公司所屬之產業是否有成長和公司的狀況，同時祈禱產業與公司都能成長，然後等待。此時，等待的時間通常要 3 年左右。

有時，投資成果會比預期中快，也可能更久，原因是，產業的成長速度、規模、公司的營收能力、技術研發進度等，都是流動的。

就算只是收購一間小店鋪，那家店至少需要 1～2 年的時間才會穩定，更何況是一間公司呢？如果秉持這種想法，內心就會更自在。

如同前文提到，在股市中，放慢腳步的人資產增值的速度，往往會勝過迫不及待的人。不要像小兔子一樣，碎步來回行走，而是要像牛一樣大步向前邁進，就算緩慢也無所謂。

# 第 7 章

# 走在成為富人的路上：
## 最後的叮嚀

唯有理解「人」，

才能理解產業與公司，

無論是事業或投資都取決於人。

 **01 超越國內市場，
財富的機會在美國**

## 美國第一，也是全球第一

在美國獲得成功是一件意義重大的事，因為在美國第一，
也等於全球第一。在美國市場占有一席之地，由於美國內需市
場龐大，因此首波股價會大幅飆漲。此時，只要利用成長趨
勢、知名度、資金能力，自然能領先國內競爭公司，並進入國
際市場。

國際市場占有率提升時，就能創下高成長率，也會反映在
股價上。因此，只要事先找出在美國取得第一的公司，在國際
市場也第一，那麼投資人就能從中獲利。

## 星巴克的走勢圖

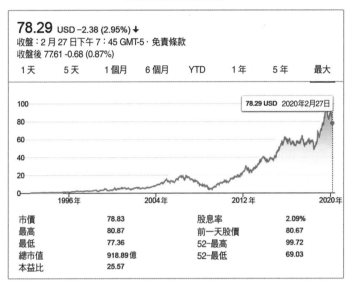

**78.29** USD −2.38 (2.95%) ↓
收盤：2 月 27 日下午 7：45 GMT-5 · 免責條款
收盤後 77.61 -0.68 (0.87%)

| 1 天 | 5 天 | 1 個月 | 6 個月 | YTD | 1 年 | 5 年 | 最大 |

| | | | |
|---|---|---|---|
| 市價 | 78.83 | 股息率 | 2.09% |
| 最高 | 80.87 | 前一天股價 | 80.67 |
| 最低 | 77.36 | 52-最高 | 99.72 |
| 總市值 | 918.89 億 | 52-最低 | 69.03 |
| 本益比 | 25.57 | | |

## Netflix 的走勢圖

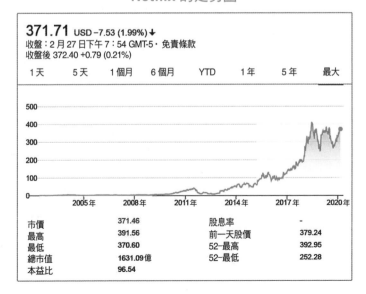

**371.71** USD −7.53 (1.99%) ↓
收盤：2 月 27 日下午 7：54 GMT-5 · 免責條款
收盤後 372.40 +0.79 (0.21%)

| 1 天 | 5 天 | 1 個月 | 6 個月 | YTD | 1 年 | 5 年 | 最大 |

| | | | |
|---|---|---|---|
| 市價 | 371.46 | 股息率 | - |
| 最高 | 391.56 | 前一天股價 | 379.24 |
| 最低 | 370.60 | 52-最高 | 392.95 |
| 總市值 | 1631.09 億 | 52-最低 | 252.28 |
| 本益比 | 96.54 | | |

在美國道瓊工業平均指數（DJI）與那斯達克綜合指數（NASDAQ）上市的美國企業，每季配股的公司很多，股價上漲後的成本僵固性（cost stickiness）*也不錯。

過去十年，國際咖啡品牌星巴克的股價上漲 9 倍，Netflix 的股價上漲了 47 倍，其實美國股市充滿這類公司。

下表可以明顯看出，投資美國比投資韓國是更聰明的選擇，在相同的時間，投資美國指數 1 億韓元，投資本金會變 4 億韓元，投資韓國股市只會變 2 億韓元。在股市上漲時，此種差異會更明顯；相反地，國內的跌幅也會比美國大。

長期來看，投資美國成為有錢人的可能性大於投資國內。

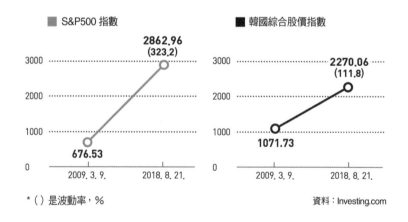

比較美國 S&P500 指數與韓國綜合股價指數

■ S&P500 指數　　　　　　　■ 韓國綜合股價指數

2862.96 (323.2)

676.53

2009. 3. 9.　　2018. 8. 21.

*（）是波動率，%

2270.06 (111.8)

1071.73

2009. 3. 9.　　2018. 8. 21.

資料：Investing.com

---

\* 成本維持在一定的水平。

# 國內股市不穩，替代方案就是美國

　　過去 20 年，美國道瓊工業平均指數與那斯達克綜合指數上漲不少，加上許多美國公司每季配息，每次除權息後，大致上都會在 1 個月內入帳。韓國通常在 12 月結算，在決定配息後，於隔年 4 ～ 5 月入帳。在美國，配息好的公司 1 年會發放四次，股價漲幅也遠勝過國內。

　　不僅如此，因為時差的關係，白天時美國股市不會開盤，不需要一直盯盤，因此能從容過日常生活。

　　韓國與中國、日本、美國之間的關係很複雜，海外市場造成的影響力也很大。簡單來說，市場的不安因素很多，每當美中貿易戰等國際發生時，經濟與股市都會受到影響。過去，美國股市上漲時，隔天國內股市也會連帶上漲，但現在這種情況正漸漸消失中，開始出現脫鉤的現象，就算美國上漲了，國內依然經常下跌，原因是受到政治因素的影響。

　　國內股市充滿許多不確定因素，財團與大企業的積弊文化衍生出反企業的情緒，導致經營事業有一定的難度。

　　政府沒把重心放在企業的成長，反而偏重在制定規制與監督，環境因此變得更惡劣。另外，內需市場本身就比美國、中國、日本小，往後內需市場會變得更小，中國與日本的追擊或牽制會讓國內企業的經營環境變得更艱難。

　　一般來說，美國第一的公司通常也會成為國際第一，因此美國企業更有機會展現高成長率。美國金融資產的權重高，受到政治的高度關注，技術競爭力也很優秀。不僅如此，世界各地的人才都湧入美國，因此美國具備豐富的人力資源庫。

　　美國標榜完美的資本主義，關注企業的政治、經濟、社會的觀點也很積極，這種情況為企業提供有利的環境，同時成為股價上漲的因素。


## 大戶都聚集在美國股市

　　下頁表會呈現美國股市與韓國股市的投資規模，以 2019 年 12 月為基準，APPLE 的總市值高於韓國所有上市公司的總市值。

　　美國市場幾乎等於世界股市，美國市場若崩盤，包含韓國在內，新興國與全世界的股市全都會跟著下跌。從此觀點來看，難以分析散戶投資美國 ETF 也會是明智的選擇，當然必須考慮投資人的水準或環境。

　　ETF 是投資大盤指數，例如：道瓊工業平均指數、那斯達克綜合指數、韓國綜合股價指數、科斯達克等，當市場上漲時就會獲利，市場下跌時就會虧損，只要以此一原則理解即可。

# 比較 APPLE 與 KOSPI 的總市值

## ■ APPLE 總市值

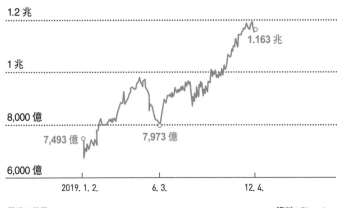

單位：美元                          資料：Bloomberg

## ■ KOSPI 總市值

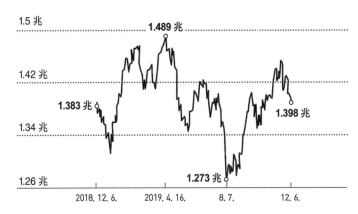

單位：美元                          資料：韓國交易所

資產流動與市場流動一致，不需要看個股的市價，只看道瓊工業指數與那斯達克綜合指數也沒關係。

如果股票選得好，就能領先市場，但這種事談何容易。就算選對股票，但若該產業利空或營收狀況差，該公司與相關類股當然會下跌，就算市場狀況佳也一樣。

目前我計畫 3 ～ 4 年完成國內投資後，會投資美國公司，因為我認為國內的反企業情緒、對富人的偏見、內需市場的降低、中日企業的追擊與牽制，將會導致國內企業的營運環境更艱辛。

若想提前做好準備，建議最好事先做好功課。Google 的翻譯越來越精準，就算英文不好，也能閱讀國外新聞，取得資訊不會有太大的問題。我預計會即時把好的海外資料或美國當地的資訊上傳至部落格。

如同過去投資不動產、國內股市，有許多人都成為富人，我認為往後投資美股變有錢的人會越來越多。

**02 立刻開始執行，
就是走在錢途上**

## 不是不會，而是不做才不會

2014 年的中國首富馬雲曾說：「雖然許多人都想成功，但實際上卻什麼事都不做，因為什麼事都不做，所以什麼事都不會發生。」

據說馬雲的財產高達 46 兆韓元，他成為中國首富的祕訣會是什麼呢？這件事會依照每個人的觀點而不同，我個人認為，最大的原因就在於執行力。

舉例來說，馬雲為了培養英文實力，會騎超過一小時的自行車到廣州當外國人的導遊，藉此磨練自己的實力。為了達成目標，他不惜路程遙遠，親自到外國人多的地方學習，換句話說，他不是坐在書桌前，看書學習英文，而是親自經歷，和外國人面對面培養英文實力。

他在創業時，大多數人都抱持反對的態度，儘管如此他還是戰勝逆境，秉持自身的信念與付諸行動。話雖如此，馬雲沒

有出色的商業企劃案，比起制定好看的簡報，他選擇前往現場親自接觸且一一體會。他不是生長在語言環境佳的地方，而是憑藉努力讓自己置身在學習英文的好環境中。

現代集團創始人鄭周永會長經常說：「不是不會，而是不做才不會。」

在執行時，有人會刻意找到不做的理由，不願意付出行動，而且這類人不勝枚舉。我自己在準備執行某件事或遇到瓶頸時，都會回想這番話督促自己。不是辦不到才不做的，是因為不做才辦不到，沒有付出行動，當然就不會發生任何事。

「第一個是執行力，第二個是執行力，第三個也是執行力！」

如果累積足夠的知識與各種經驗，成功機率一定會提升，但無論有多麼棒的點子與經驗，如果不付出行動執行，終究不會發生任何事。

**學習成功人士的人生態度**

## 別仇富，尊敬努力的有錢人

有趣的是，許多人都希望財務自由，但明明還沒達到富人等級，卻抱著仇富的心態。實際上對富人、財團、集團領導人抱持偏見的人很多。

仔細想想，這種心態實在太矛盾了，明明想成為富人，期待獲得龐大財富，卻忌妒已經成為富人的人，總是以負面的心態面對富人。貧窮者善良，富人惡劣；貧窮者是因為社會不公正所造成的，富人是透過不當手法賺錢的，這些都是從政治人物的邏輯中衍生出的言論。

一般來說，會有這類想法的人，都很難成為有錢人，否定與忌妒富人，把富人視為惡劣的存在，自己又該如何成為富人呢？

我從小就很尊敬富人，尊敬與羨慕是不同的層次。雖然偶爾有透過不當手段賺大錢的人，但因為少數人而以偏概全是不可取的。我深信，世界上有許多努力為人類做出貢獻而賺錢的

有錢人。

　　天下沒有白吃的午餐，除了繼承資產的人，大致上來說，自己努力賺大錢的人占多數。我不會莫名其妙羨慕有錢人的財富，而是會先反思他們致富前所經歷過的困境與苦難，在那個過程中，要堅守自己的信念，以及面臨艱困抉擇時，想必非常傷腦筋吧？

　　我尊敬他們，不畏懼荊棘，持續向前邁進，因此才有辦法成為富人。


## 行動終將造就未來

　　不只是投資股市，日常生活中也要具備「希望他人一切順利的想法」、「希望我說的一句話與善行能讓他人愉快和幸福的心態」，不要只是一味想增加自身的資產，或是追尋自己專屬的幸福與喜悅。當看見他人幸福與快樂，自己也能感到開心，屆時自己、家人、周圍的人也一定都能擁有好生活。

　　要是我們未能敞開胸懷，就無法感受到那份喜悅。當家人露出開朗的笑容時，不是很幸福嗎？只要以這種心態看待別人就行了，這樣的幸福是投資獲利所無法取代的。

　　以投資股市為例，在投資期間，我們一定要秉持其他股

東也能順利的信念，而且要祈禱我投資的公司成功晉升為大公司，進一步希望員工、家人、客戶也都會有好事發生。

我希望你能捨棄追高殺低、賺價差的心態，具備和公司一起成長的心態才能稱得上好投資。我們應該期望公司能獲得真正的成功，顧客也能幸福使用產品與服務，這樣才能獲得好結果，最後自己也能獲利。

因為自己賣出股票，刻意在論壇上發布造成人心惶惶的文章，期待股價不會上漲的心態都應該捨棄，反而應該希望其他人能獲利多多。

惡劣的心態與行動終將會反映到自己身上，靠運氣、技術線圖、財務知識，是無法讓我們在股市致富。想成為有錢人，就該先擁有好的思維與人生態度。

這是我累積一定的資產後，回顧自己與周遭的富人後發現的共通點，通常成為富人的人都擁有令人讚嘆的生活態度。

## 抱持好心態，投資就能帶來財富

仔細觀察富人和完成人生目標的人，就能明白是人生態度與價值觀造就了現今的他們。有錢人都是以不當手段賺錢、窮人都是善良，這種偏見是童話故事的言論。

　　累積財富的人，無論是人性或商機靈敏度都優於一般人，也因為這樣才能致富。他們不會希望別人遭遇不幸，或在股市論壇上發表文章陷害他人，當別人在網路上發文時，他們寧願享受閒暇或學習新的知識。

　　每人每天都只有 24 小時，時間等於我們的生命，把生命浪費在那種事情不會太可惜嗎？說不定就是因為平常都在浪費時間，才會無法提高生活品質。況且看見別人成功就會眼紅的人，只會讓自己的人生過得很累。

　　有次，參觀韓國慶州崔氏古宅的舊倉庫時，可以看見他們代代相傳且傳授的六訓。儘管內容中提到了富不過三代，但他們在日據時代提供了獨立需要的資金，光復後甚至把全部的財產捐獻給教育事業，由此可以知道他們的財富之所以能延續至十二代的原因。希望你看見他們對於財富的態度後，也能自我省思。

　　生活的變化始於自己的改變，投資知識絕對無法改變人生，雖然我也一度以為投資知識會改變我的生活，投入許多時間與金錢，但事實絕非如此。

　　如果想遇見好人，自己就該先成為好人。

　　唯有了解「人」，才能理解產業與公司。就像對合不來的

人會有距離感一樣，投資時要選擇和自己合得來的公司。投資和我相似的好產業與好公司，這樣終將會讓自己、家人和資產往好的方向發展。

　　只要我先成為好人，秉持好心態延續好投資，相信人生的品質也會跟著漸入佳境。這樣不僅資產會增加，給人的印象也會變好。

## 結語
# 我不是隨便說說，千萬不要放棄

　　我可以很肯定地說，我之所以能累積現在的財富，不是因為我擅長選股，也不是因為我眼光好，這是我的人生態度造就出來的結果。在投資股市與經營事業的過程中，我也和其他人一樣經歷過艱困的時期，每當這種時候我都會這樣說：

　　「不要放棄！絕對不要放棄！我不會放棄！」

　　不管做什麼事，任何人都會卡關，人生不可能一帆風順。無論外在如何，人生就像騎自行車一樣，絕對不會是一條直線。我曾因為周圍的人而困擾，也曾因為投資的公司無法順利解決面臨的問題，一度陷入困境。我的事業也曾遇到瓶頸，讓我吃了不少苦頭。

　　就算沒有豐富的經驗，只要下定決心，世界上沒有無法解決的事，相信大家都很清楚這個道理。當步伐發生錯誤時，重要的就是自己對於人生的態度，我認為態度是決定人生的一大重要關鍵。如果你目前正經歷煎熬的時期，我很想分享一句話：

「人生不是由情況而定，而是取決於心態！」

人生會在我們選擇放棄的那一瞬間宣告終止，如果不輕言放棄，設定目標持續向前邁進，人生就會漸入佳境，也能達成目標。至少現在會變得比過去更好，或許你早就聽過很多這類言論，如果是的話，那就一定要秉持信念且付諸行動。

此時，最好不要太認真傾聽同溫層的建議，因為他們的知識、經驗、人生的態度和自己相似性很高，他們的建議不會有太大的幫助。

如果想聽取建議，就該拜託在該領域早已獲得成功的人，他們更早突破困境，值得聽聽他們的建議與經驗。

幸虧我們透過書籍和網路能學到很多東西，我也利用網路獲得了許多幫助，如果希望人生的品質比現在更好，就該仔細聆聽走在我前方的人，以及成功人士的智慧與經驗。

我敢很肯定地說，人生的態度會引導我們邁向成功。如果能越早明白人生取決於我們對於人生的態度，就能更快達成目標。

我再強調一次，比我們更早成功的人都會這樣說：

「傾聽走在我前面的人，以及成功人士所說的話，在決定人生重要抉擇的關鍵時刻，絕對不能向處境和自己相似的人徵

求意見。」

　　為什麼成功者都會說出類似的話呢？這是因為他們早已親身經歷過了。不曾嘗試過且整天只會出一張嘴的人、處境差不多卻總是長篇大論的人、混淆是非抱持負面態度的人，這類人就只會說出捕風捉影的言論而已。

　　我再補充一點，成功人士也會強調：

　　「請不要因為現在過得很苦，覺得未來的日子也會很苦，就選擇放棄。請帶著夢想與目標向前邁進吧！」

　　我曾一度把成功者的建議視為是想凸顯自己的花言巧語，但真正經歷過後發現，那其實都是真的。人生、事業、工作之所以會發生問題，不是因為狀況太糟，而是自己在當下選擇放棄。

　　請絕對、絕對、絕對不要放棄！當猶豫是否該放棄時，就要思考解決之道，在真正付出行動後，相信人生一定會有所改變。

翻轉學 翻轉學系列 061

# 散戶救星存飆股，8 年賺 2 億

打造致富信念，避開投資陷阱，讓你十倍獲利，加速 FIRE

선물주는산타의 주식투자 시크릿 : 8 천만 원 종잣돈으로 124 배의 수익을 올린 투자 고수가

| | |
|---|---|
| 作　　者 | 送禮的聖誕老人（선물주는산타） |
| 譯　　者 | 林建豪 |
| 總 編 輯 | 何玉美 |
| 主　　編 | 林俊安 |
| 封面設計 | 張天薪 |
| 內文排版 | 黃雅芬 |

| | |
|---|---|
| 出版發行 | 采實文化事業股份有限公司 |
| 行銷企畫 | 陳佩宜・黃于庭・蔡雨庭・陳豫萱・黃安汝 |
| 業務發行 | 張世明・林踏欣・林坤蓉・王貞玉・張惠屏 |
| 國際版權 | 王俐雯・林冠妤 |
| 印務採購 | 曾玉霞 |
| 會計行政 | 王雅蕙・李韶婉・簡佩鈺 |
| 法律顧問 | 第一國際法律事務所　余淑杏律師 |
| 電子信箱 | acme@acmebook.com.tw |
| 采實官網 | www.acmebook.com.tw |
| 采實臉書 | www.facebook.com/acmebook01 |

| | |
|---|---|
| I S B N | 978-986-507-377-0 |
| 定　　價 | 350 元 |
| 初版一刷 | 2021 年 5 月 |
| 劃撥帳號 | 50148859 |
| 劃撥戶名 | 采實文化事業股份有限公司 |
| | 104 台北市中山區南京東路二段 95 號 9 樓 |
| | 電話：(02)2511-9798　傳真：(02)2571-3298 |

國家圖書館出版品預行編目資料

散戶救星存飆股，8 年賺2 億：打造致富信念，避開投資陷阱，讓你十倍獲利，加速
FIRE / 送禮的聖誕老人（선물주는산타）著；林建豪譯. – 台北市：采實文化，2021.5
224 面；14.8×21 公分 . --（翻轉學系列；61）
譯自：선물주는산타의 주식투자 시크릿 : 8 천만 원 종잣돈으로 124 배의 수
　익을 올린 투자 고수가
ISBN 978-986-507-377-0（平裝）

1. 股票投資 2. 投資分析 3. 投資技術

563.53　　　　　　　　　　　　　　　　　　　　　　110004948

선물주는산타의 주식투자 시크릿 : 8 천만 원 종잣돈으로 124 배의 수익을 올린
투자 고수가 The Stock Market Secrets of The Giving Santa
Copyright ©2020 by The Giving Santa（선물주는산타）
Original Korean edition published by The Business Books and Co., Ltd.
Traditional Chinese edition Copyright ©2021 by ACME Publishing Co., Ltd.
This edition arranged with The Business Books and Co., Ltd.
through M.J. Agency, in Taipei.
All rights reserved.

선물주는산타의 주식투자 시크릿:
8천만 원 종잣돈으로 124배의
수익을 올린 투자 고수가 되기까지

# 散戶救星
# 存飆股,
# 8年賺2億

◇打造致富信念，避開投資陷阱，讓你十倍獲利，加速FIRE◇

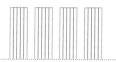

翻轉學 **翻轉學系列**專用回函

系列：翻轉學系列061
書名：**散戶救星存飆股，8年賺2億**

**讀者資料（本資料只供出版社內部建檔及寄送必要書訊使用）：**

1. 姓名：

2. 性別：□男　□女

3. 出生年月日：民國　　　　年　　　　月　　　　日（年齡：　　　　歲）

4. 教育程度：□大學以上　□大學　□專科　□高中（職）　□國中　□國小以下（含國小）

5. 聯絡地址：

6. 聯絡電話：

7. 電子郵件信箱：

8. 是否願意收到出版物相關資料：□願意　□不願意

**購書資訊：**

1. 您在哪裡購買本書？□金石堂　□誠品　□何嘉仁　□博客來
　　□墊腳石　□其他：_____（請寫書店名稱）

2. 購買本書日期是？_____年_____月_____日

3. 您從哪裡得到這本書的相關訊息？□報紙廣告　□雜誌　□電視　□廣播　□親朋好友告知
　　□逛書店看到　□別人送的　□網路上看到

4. 什麼原因讓你購買本書？□喜歡商業理財類書籍　□被書名吸引才買的　□封面吸引人
　　□內容好　□其他：_____（請寫原因）

5. 看過書以後，您覺得本書的內容：□很好　□普通　□差強人意　□應再加強　□不夠充實
　　□很差　□令人失望

6. 對這本書的整體包裝設計，您覺得：□都很好　□封面吸引人，但內頁編排有待加強
　　□封面不夠吸引人，內頁編排很棒　□封面和內頁編排都有待加強　□封面和內頁編排都很差

**寫下您對本書及出版社的建議：**

1. 您最喜歡本書的特點：□實用簡單　□包裝設計　□內容充實

2. 關於商業管理領域的訊息，您還想知道的有哪些？
_____
_____

3. 您對書中所傳達的內容，有沒有不清楚的地方？
_____
_____

4. 未來，您還希望我們出版哪一方面的書籍？
_____
_____

翻轉學

翻轉學